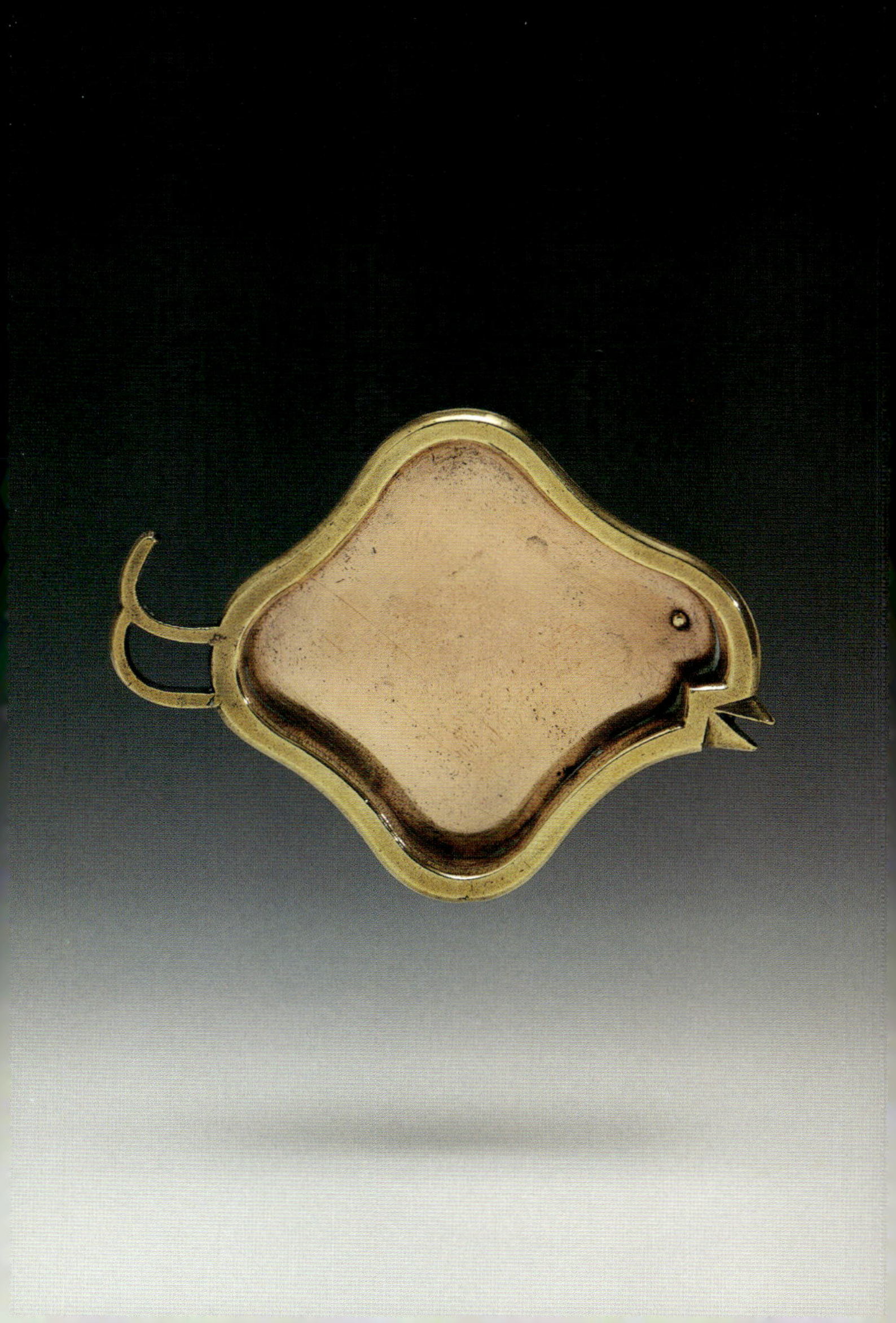

Heibonsha Library

わがまま骨董

平凡社ライブラリー

Heibonsha Library

わがまま骨董

菊地信義

平凡社

本書は一九九三年八月、平凡社より刊行された。

目次

古物で候

双子の仏

双子の仏にめぐり合ったのは東京平和島の古民具骨董市。千葉から来たという主人の棚。粗末な紙箱の中へ薄紙を揉み敷き寝かされていた。くすんだ金箔が内からはぜたように捲《まく》れあがり、剝げ落ちてもいる。あらわになった素地を年月だけがいとおしんだと、いたわるような白黴《しらかび》がおおっていた。何処のお堂の天井裏から御座ったものか、うぶな風情が心にしみた。そっと一躰を手に取れば思いのほか厚い胸と太い腰。廃仏毀釈の折だろうか、腕がすべて断たれていた。脇の下から肩先へ逆手に取って叩き切った刃の跡が残っている。

腰を引いて上躰を前へ屈めた姿には覚えがある。来迎の阿弥陀の左右へ随行する観音と勢至《せいし》の菩薩。裳《も》の様子から右は膝の上で蓮台《れんだい》を捧げ持つ観音菩薩。左は胸の高さで合掌する勢至菩薩。裳を後方へ棚引かせたは雲座の上、早来迎《はやらいごう》の菩薩たちではなかったか。しかし仏の真の姿は腕といっしょに失せている、ただ前へ出て来ようとする印象があるだけだ。それもよく見れば爪先が削がれている。出ようとする動きも止められて、出るに出られぬもどかしさへ閉じ込められてしまう。逃れるようにもう一躰へ目をやれば、果てない双子のタップ・ダンスを見るようで言葉は失せて心は宙吊りにされていた。

初めて仏を拝む形を真似たのは十歳の頃。米国の水爆実験で日本の鮪漁船が南太平洋で被災して、乗組員が死亡した。鮪を食べると髪が抜けて死ぬ。そんな噂を耳にした数日前、家族で寿司を食べていた。目が覚めたらみんな死んでいる、そう思うと悲しくて眠れない。死の灰で肌が焼け爛《ただ》れた人の姿が目に浮かぶ。蒲団にもぐり手を合わせ「南無、南無、南無」と口にして、「死なないように、死なないように……」、五十回と決めて、これは心の内で、幾夜念じたことか。

念じるような切実な問題が最初に仏を買わせたわけではなかった。十数年前、勤めをやめてフリーの生活を始めた。その頃、ふっと千体仏に目が止まって買い求めた。以来、旅先や市でめぐり合う手に負える範囲の仏を買って来た。とりともなく心が揺れている時、誘われるように仏の前に座っている。息をととのえ、真っすぐ仏を見つめ目を閉じる。心の器に水が大きく揺れている。目を開いて仏を見つめ、

◀菩薩像　高さ21cm（左右とも。左、口絵参照）

また、目を閉じる。水はしだいに静まっていく。そうして何度かくりかえすと器も消えて心もすっかりと鎮まっている。どうしたい、どうなるようにと念じることは、なぜかはばかってしまう。どうしたい、どうなりたいと揺れる心を鎮めるために、仏の前へ座っていた。

流行や評価の定まった骨董品とは無縁な物たちと付き合ってきた。古物《こもの》であり小物である。記すこちらは骨董、古美術に生活をかける勇気のない小者でもある。しかし良いと見える物がある。美しいと思う物がある。それは隠しようのない自分の現われだ。物とのめぐり合いは未知な自分とのめぐり合いでもある。付き合ってみるしかない。

◀千体仏　高さ15cm（台座含む）

時を磨く

種々雑多な古物たちが溢れるような道具屋が好きだ。旅先でそんな店にでくわすと、その日の予定は飛んでしまう。店に入るとまず上框《あがりかまち》や棚の下へ目が行く。埃まみれの箱でもあれば、挨拶もそこそこにしゃがみ込む。古物好きのあさましい性だ。掘り出し物などとおおそれたことではない。ただ未知な物とめぐり合いたい一心で、箱の内を探っている。

油汚れに煤や埃がこびり付いた素性の知れぬ物たちの中に、形が目を引く物がある。手に取ると重さが次の興を呼ぶ。やおら立ち上がり「これは何ですか」と差し出すと、「わかればそんな所に置きません」。にべもない答えが返ってもくるが、そこは物好き、ひるまずに「きれいな形ですね」とつぶやけば、「永年商ってきたが扱ったことがないので……」。声が優しくなっている。手にした真っ黒けを見つめ

◀燈明小皿　鉄製　径9.5cm／磁器　径10.4cm

たまま「幾らですか」、問えば、少し間があって「五百円も置いてください」。済まなそうな主人の声。こんな物たちにめぐり合うと忙しい。旅先なら宿への帰りしな雑貨屋を探し、洗剤やブラシを買い込む。

鉄と磁器の小皿は固まった油で張り付いていた。神棚へ上げた燈明の皿か、剝がしてみると、下の皿は鉄皿の取っ手に当たる所が欠けている。欠けてしまった皿を受け皿に利用したのだろう。どちらも洗剤に漬けてからブラシで汚れを洗い落とす。鉄皿は乾くと表面に赤錆《あかさび》が浮く。布に錆落し液を含ませてゴシゴシ磨けば、やがて鉄肌が現われる。どれほどの日月、人の祈りに身を焦がしてきたのか、深い哀歓が滲《し》み成した色と形だ。燈明皿としての仕事は終わったが、その姿は人と物とのかかわりの綾を照らし出しているようだ。

磁器の皿は漂白液に浸しさらに洗剤で洗い上げると、手の内から思いの外のいい笑《えみ》がこぼれ出た。名も無い欠け皿だけれど、永年に菜種油との馴染みが仕立てたおっとりとした肌合がいとおしい。不憫な欠けをパテで繕って初めて、縁《へり》の小さな注ぎ口に気付いたりする。何を見ていたのか、粗雑な我が目が情け無い。それでも固まったパテを紙ヤスリで整え、漆を塗り金泥を振り掛けるようにのせる頃には、皿へ何をあしらってみようかと心いそいそとしてしまう。

◀真鍮製小壺　高さ4.5cm（蓋とも）　胴径8.5cm（口絵参照）

一晩洗剤に漬けてもビクともしない汚れがある。小壺はナイフで厚い皮を剝ぐようにして、さらに一晩漬けた。金属ブラシで飽きるほど磨いて、やっと鈍く光る真鍮の肌が現われた。平らに張った肩先が、ふっと崩れた胴回りに一筋ぎざぎざの線が走る。上下半分ずつ鋳型で作り合わせた筋か、形に心地よい緊張を生んでもいる。外側はさっぱりとしたが、幾ら洗っても内から黒く汚れた水が出る。諦めて机のわきに置いて重心の低い穏やかな姿を眺め楽しんだ。ある日、思い立って洗ってみると、水が鮮やかな青に染まって懐かしい匂いといっしょに流れ出た。インク壺だったのか。あっけにとられ青い水を見つめていると、朝顔の花を摘み揉んで水に溶かし遊んだ幼い日のことが思い出された。花は指先を濃く染めるのに、水はわずか色づくだけだった。

「時を磨く」。みるみる淡くなる水の色に言葉が浮いた。

吐息のグラス

東京の銀座、酒場ルパンのショット・グラスを見初めたのはいつ頃だったか思い出せないが、そのグラスで飲みたい一心でウイスキーの味を覚えた。うわべはありふれた姿に見えるが、内は円錐を逆にした形に穿《うが》たれている。酒が注がれるとカウンターへ琥珀色の弾丸がすっくと立つ。手に取れば腰がわずかくびれていて、指へぴたりとまといつく。昭和三年の開店時に特別に注文して作らせたものが、今も使われている。「ハネ後、銀座へ泳ぐ。ルパンでウイをのむ」と、古川ロッパは彼の『昭和日記』にたびたび記していた。かつてルパンに集《つど》った坂口安吾や織田作之助など、多くの男達の手と酒に馴染み育まれて来たグラスなのだろう。見つめていると、酒に寄り掛かりがちな心根をグラスに見すかされているようで、溜息がでてしまう。

▲ショット・グラス　高さ7.5cm　口径２cm／高さ5.5cm　口径４cm
◀ショット・グラス　高さ4.5cm　口径（長径）４cm（口絵参照）

楕円形のショット・グラスに出合ったのも銀座の西洋骨董の店。ガラスの塊を抉《えぐ》り取ったというような内の造りにぶ厚い底のたたずまいが、ルパンのグラスに重なった。手に取って小指を底にあてがい指先を軽く添えてやれば、握りしめるまでもない。手の内にちょこなんと落ち着いてしまう。ぽってりとした器躰は淡い黄味をおびて、江戸ガラスの風情だと見惚けていると、「ロンドンの市場で仕入れた一九三〇年代の英国製で」と主人の声。そっと口へ近づけると、かすかに日向《ひなた》の匂いがする。小学生の頃、飛行機の風防の破片が流行ったことがある。黄味がかったそれを木の机や床へ強く擦りつけると、日向臭い甘い香りが立つ。匂いガラスといったか、グラスを手にあらぬ方向へ思いも飛んでいた。

買い求めて持ち帰り、洗い上げてウイスキーを注ぎ口に運べば、これが何とも飲みにくい。楕円の口縁を横にしても縦にしても口に合わない。角度を色々に試したが、口に入る酒の量がこころもとない。姿のおもしろさに目と心まで奪われて、使い勝手を忘れて買ってしまったと悔まれた。以来、棚の隅へ忘れられていたグラスだったが、ラガ・ブーリンというスコットランド産のモルト・ウイスキーを知って、なくてはならないグラスになった。スモーキーで濃密な香りに何やら塩味のきいた癖ものだが、めっぽう旨い。飲むというより、唇をしめらせるくらいでいただく。

それに楕円の口縁がピタリ決まる。無知を棚にあげてグラスを疎《うと》ましく思ったこちらが恥ずかしくなった。「ヘブリディーズ諸島の端にアイラという小さな島があって、そこの蒸留所で作っているモルトです。一年中強い海風が吹きつける島でした」。グラスを手にするたびにラガ・ブーリンを教えてくれた酒場の主人の声が蘇り、グラスを持つ手へしょっぱい風が吹き通っていく思いがする。

酒を手にした男たちの吐息がショット・グラスを育てるのか、永い年月を亘ってきたグラスには透明でありながらどこか靄《もや》がかかった翳りがある。そんなグラスの底へ屈んだ心を沈め、琥珀色といっしょにゆらゆらと揺すっていると、いつしか心もほころんでくる。

空白の色

緑青《ろくしょう》の湧いた器物に出合うと、つい手に取ってしまう。玄関や床の間、小さな仏たちの前に置いて香を焚き花を生ける。槌《つち》出しの懸仏《かけぼとけ》の他は、煙草盆の火入れに線香立て、長火鉢の角へ埋めた吸殻入れと、どれもただのような値で手にしたものばかりだ。

仏壇の燭台や線香立て、床の間の花器に湧く緑青には毒がある、触れてはならぬと教えられた。古い事典には有毒とあるから、あながち子供を火の気や大切な道具類から遠ざけておく方便だけではなかったのだろう。紙芝居の殺人鬼が盛る青酸カリは緑青を粉にしたものにちがいない、と思い込んでもいた。

緑青は銅に生じる緑色の錆《さび》の総称。通常目にするものは、空気中の水分と炭酸ガスが銅と作用して生成する。毒性はほとんどないと最近の事典にはあるが、子供の時分の思い込みは抜きがたい。長じてからも、緑青の色だと眺めやる先に死のイメージが付きまとった。

『往生要集』を絵図化したといわれる六道絵。美しい女人の死体が季節のうつろいを追って腐り、衣がずり落ち肉が裂け、鳥獣に食いあらされて白骨に化すさまが重々しい緑青色の上に描かれている。死者の魂を迎えるイタコの口寄せで知られる恐山。灰色の景観の底で、宇曾利山湖は魂のすまう濃い緑青の色をたたえていた。東照宮の陽明門。楼上の彫刻を塗り込めた極彩色にあって、緑青は楼門を荘厳な死の門と化している。

しかし一方で緑青には生きもののイメージも浮かぶ。お正月の生け花に使う梅や松の古木に付着した灰緑色のかさぶた。ウメノキゴケというが苔ではない。地衣類といって菌糸（きのこを形作る糸状の細胞）と藻が共生した植物だという。けなげな命の姿とみえる。

緑青の湧いた銅の器を眺めていると、そんな死と生の相反するイメージが錯綜して、心はさえざえとした空白にみちてくる。北極海上空でジェット機の窓から見た灰緑色のオーロラ。巨大な襞々《ひだひだ》へ包み込まれていくような体感が蘇ってもくる。

アルミサッシの窓で閉め切られ、エアコンでコントロールされたマンションの室

▲吸殻入れ　高さ９cm　口径（長径）9.5cm／線香立て　高さ７cm　口径6.5cm
◀懸仏　高さ９cm／煙草盆の火入れ　高さ９cm　口径10.5cm

内でも、緑青は育つものらしい。五年ほど前、掠《かす》り傷があってこちらの手にとどいた懸仏。赤銅色の地肌が露《あらわ》に見えていた。それがいつのまにかうっすらと緑青が湧き、傷んだ肌は優しくおおわれている。

石化した灰を砕き取り洗いあげ、香を焚いて使っていた火入れ。ある日、花が生けたくて灰を取り出すと内に鮮やかな緑青が湧いていた。水を張れば渓谷の深い淵を覗き見る心地がする。花なぞいらぬとそのままの姿を楽しんだ。

気ぜわしい日々の生活のかたわらで、銅の器に生育する緑青はゆったりとした別の時空へ誘い出してくれるようだ。

手の誘い

初めて仏像の残欠《ざんけつ》に出合い求めたのは十年前。明治の廃仏毀釈で破壊された蔵王権現の手と足。信仰篤い家に匿《かくま》われ今に伝わったと聞いた。捩じ切られたような腕の断面へ緑青が濃く湧いていた。物めずらしさから求めしばらく手元においたが、故あって知人に贈った。失せて初めて残欠への思いがふくらんだ。以来、古美術店に入るとまずは目が残欠の有無を確かめている。

美術大学に入学して京都や奈良の仏像を見学する機会がふえたが、仏像の意味や時代の様式を語る引率者の言葉をなぞるように仏を見ることが出来なかった。美術品として見ることをためらう信仰心からではない。表現することに憧れて、そのとば口に取り付いたばかりの目に、仏の美しさは圧倒的にすぎたのだ。そんな目も、仏像の手や足へなら素直に向かえた。奈良、秋篠寺の伎芸天や聖林寺十一面観音の誘うような右手。湖東の石道寺、わずかに親指のそり上がる観音の右足。形が担う意味をこえて心に深くひびいた。出来ることなら持ち帰りたい、不埒《ふらち》な思いを口にしたこともあった。

そんな昔を思い出し、仏の残欠に夢を結んだわけでもないが、求めると不思議なもので年に一つ二つとめぐり合う。平安の仏の手にも出合えたが、時代に値がぶらさがっているだけで心にひびく姿ではなかった。

弥生や縄文の土器を得意とする店の主人がある日、「寺の縁の下に古材といっしょに束ねてあった、湿気でグズグズだけど物は良いかもしれぬ」と黴だらけの赤子の腕を持ち出した時には、さすがにギョッとした。手に取ればふっくらとした姿が可愛らしくて、ともかく言い値で買い受けた。ガーゼで炭緑色の黴をぬぐい、香をくゆらせ風通しのよい日陰に置いた。半年ほどで水分が抜け締まり、くっきりと愛らしい姿になった。腕の断面は寄せ木の造りではなく鋸で引き切られた様子。こちらも明治の災難にあわれたものか、それにしても舌舐《したなめず》りして鋸を引いた、そんな不気味な丁重さがうかがえた。

机の際に置いてしばらく眺め楽しんだが、何やらだんだんと痩せてくる。縦の裂け目が拡がって、横へも亀裂が生じていた。手に取るとポロリ、木片が欠け落ちる。

あわてて合成樹脂を買い求め、注射器で注入した。まるで赤子がミルクを呑むように樹脂をグイグイ吸いこんだ。全体が熱をおびたのをしおに一夜おくと、しっかりとした木の感触が蘇り、ほどよい重さもそなわった。

錫杖《しゃくじょう》を手にした地蔵の右腕ででもあったのだろうか、ふっくりとした腕に健気な拳が可愛らしい。見つめていると引き切られ、ひび割れた腕が自分の腕ででもあるような心地になる。その一方で腕を引き切り、傷つけた側にあって腕を苛《さいな》んできたような思いもする。そんな心の亀裂へいとおしさが湧いてくる。

◀仏像残欠、腕　長さ20cm

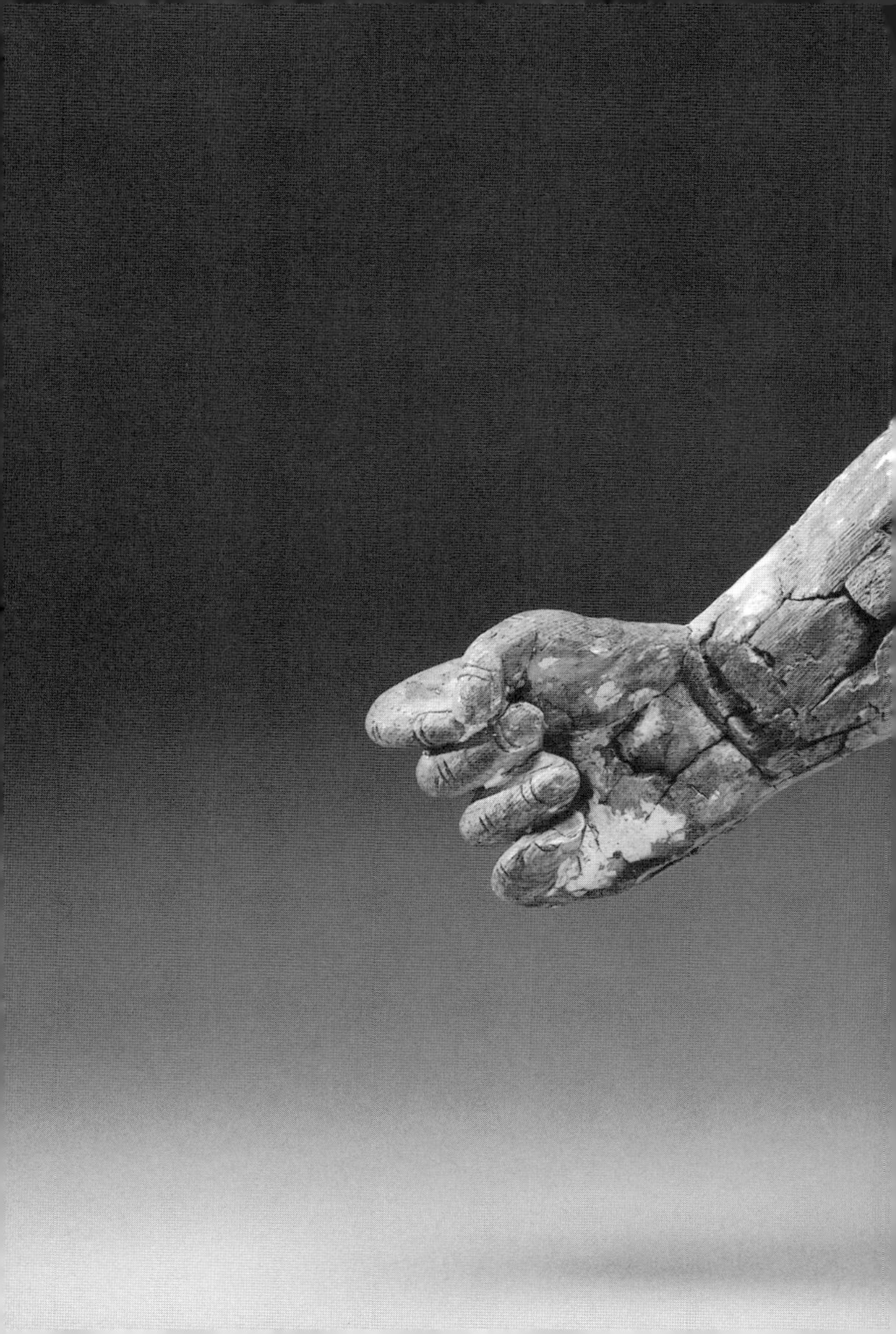

ひあそび

実のところ、こいつが何物か知らない。猪口だと思っているが確かめたわけではない。完成品もあれば、上絵付《うわえつ》けをするはずが何かの理由で出回った、そんなものもあるのではないか。正体を突き止めてみてもせんないことだ。素性が曖昧なおかげで、その物の色や形と仲良くやれる、ということもある。

こいつの可憐《いじら》しい姿に一目で惚れた。骨董市や旅先の店で、見つければ買ってしまう。マレーシアで木箱にぎっしりと詰められたこいつに出合ったことがある。中国人の骨董商が口にする「イ・マ・リ、イ・マ・リ・ネ」の言の葉へ金子光晴『マレー蘭印紀行』が蘇る。伊万里の猪口があって不思議のない土地だ。埃だらけを一つ一つ拭い眺めて結局箱ごといただいた。

ソウルの骨董街でポッテリ肌の李朝のこいつと出合いもした。北京の骨董店、ここにもいたのと手に取れば小さな耳が二つある。聞けば鳥籠の餌入れ、こいつはそっと棚へもどした。

高さや口径、肉厚もまちまちで形も楽しいが、色味もいい。同じ白に見えてすべて異なる。張りつめたような純白から青味がかった白、灰白に黄味がかり、とさまざまだ。それに肌合のちがいが色味に綾をそえてもいる。惚れた弱みか、釉だまりまで愛らしい。

「可愛いね」そう言ってくれる客には嬉しくなってつい上げてしまうが、じきに十や二十は集まった。それがこの秋、東寺の弘法市で不揃いを五つ組みに仕立てて二万の値札を付けている。いよいよこいつも骨董の仲間入りか、複雑な思いでやりすごしたものだ。

燗酒が苦手で猪口としての出番は少ないが、細々とした肴を盛って、こいつは一年中いそがしい。うるかやアミの塩辛、生雲丹の一片にキャビア。どれも膳の上でピタリ決まる。

夏場、こいつに七分ほど水を張り、小さな水草を浮かせ箸おきと見立てた。宴がはてると一つのこらず客人のポケットにおさまってしまった。

深夜、仕事のけりがつくと、机上をかたづけ寝酒の用意。手の伸びた酒と似合い

◀猪口　高さ３-3.5㎝　口径３-3.5㎝（左、口絵参照）

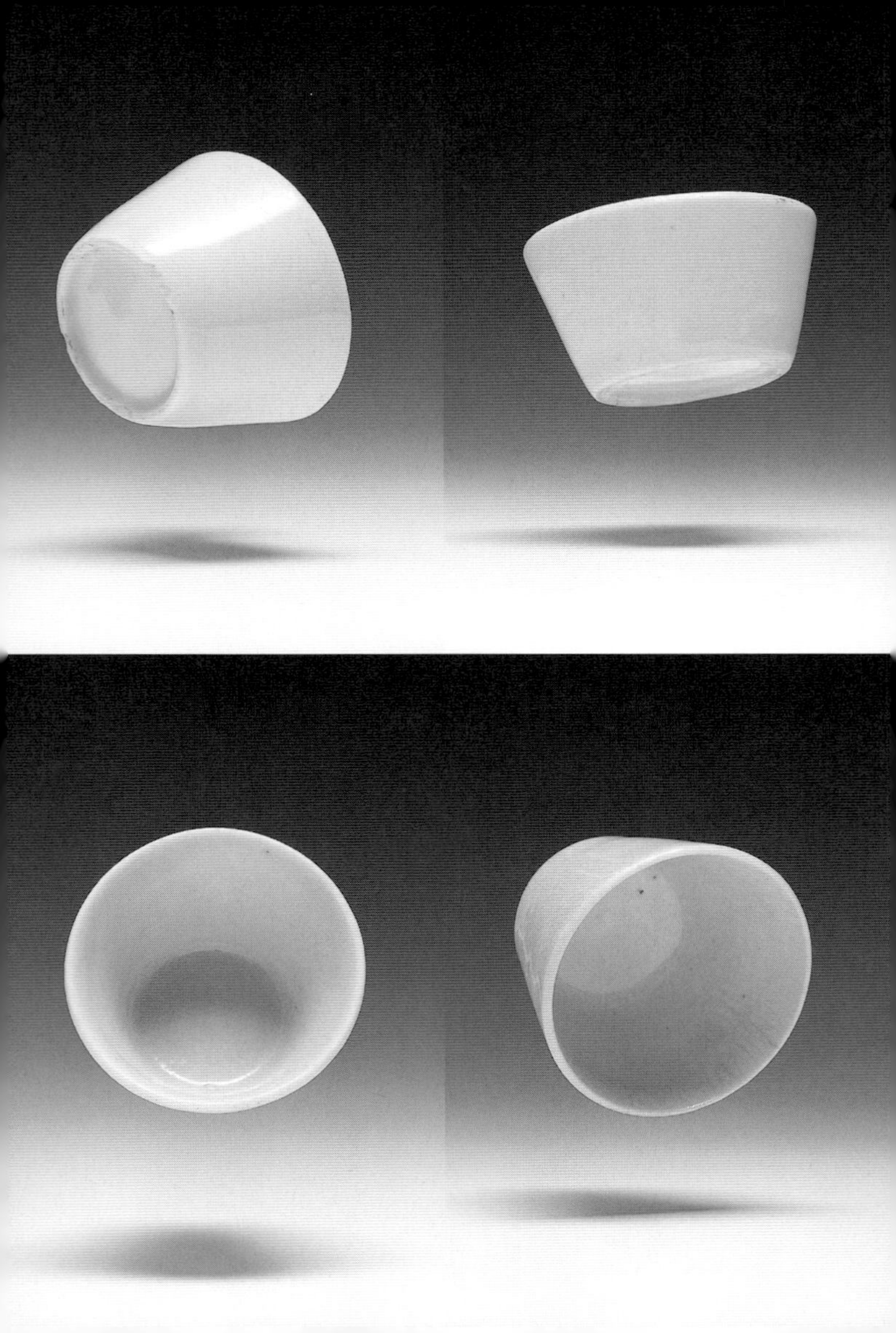

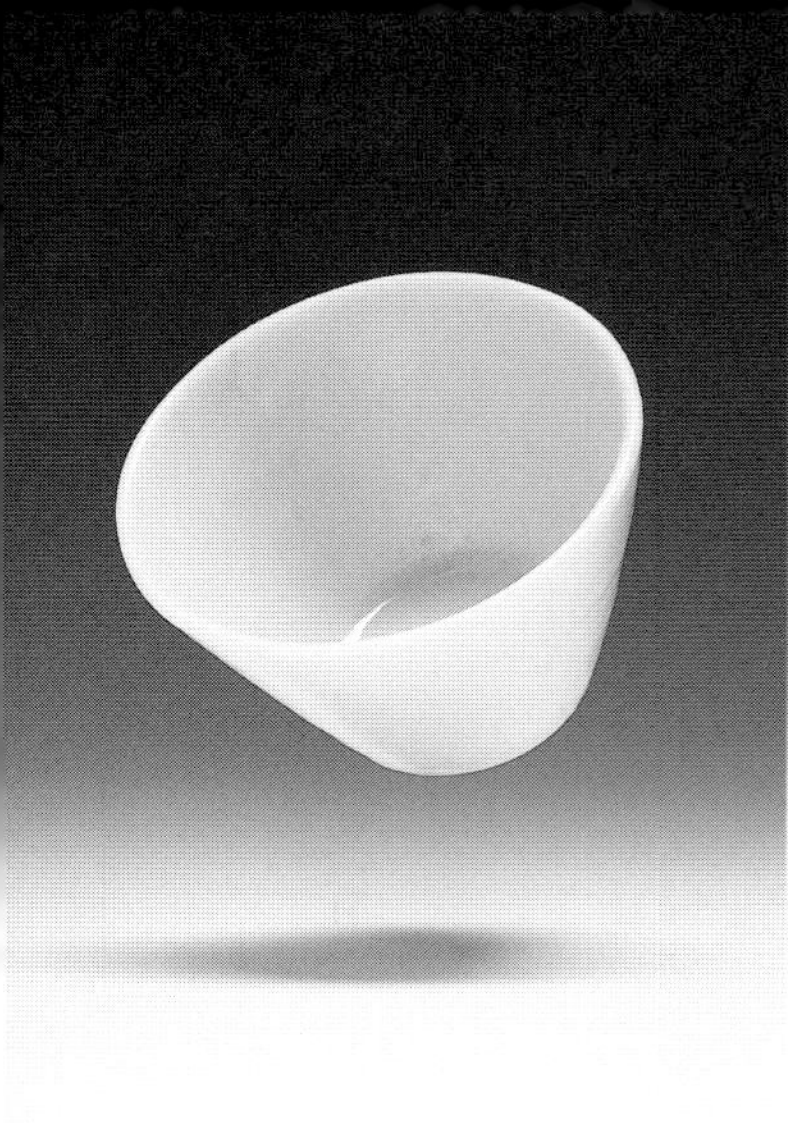
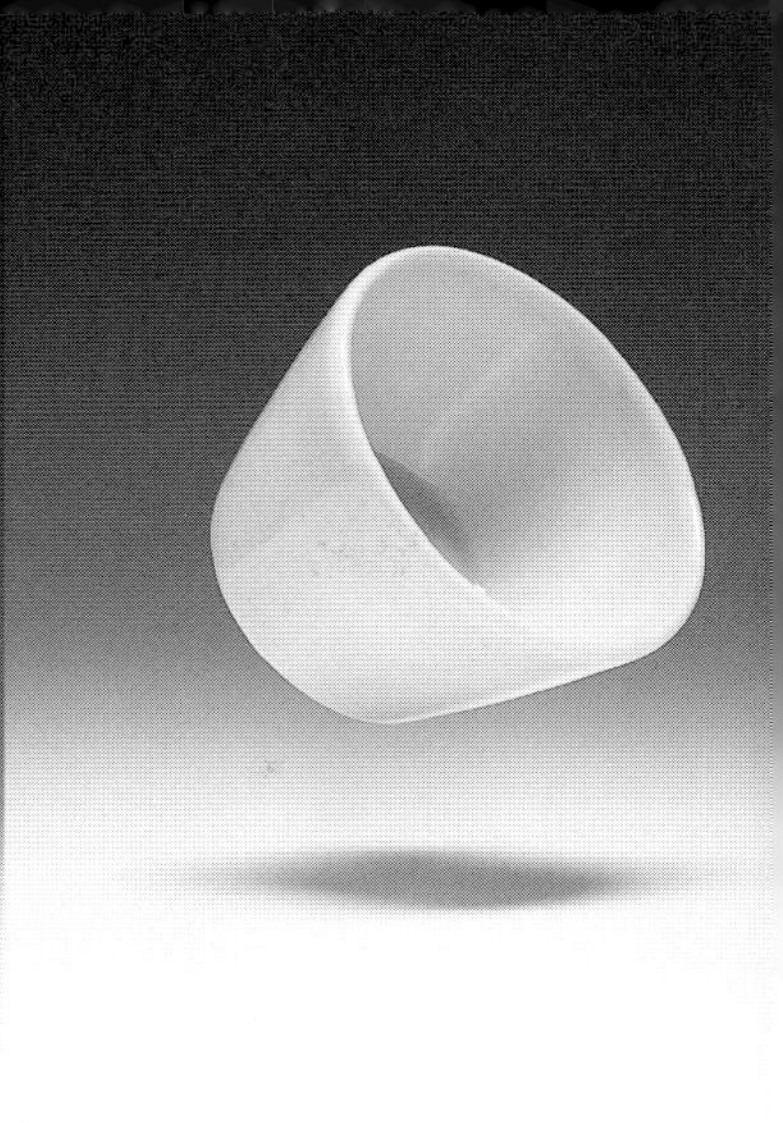

のグラスを机に置く、それにこいつを一つ。机のライトを残して部屋の明かりはすべて消した。グラスの酒をかみしめるようにしてゆっくりとのどへ送る。煙草に火をつけて、机のライトも消す。

酒の香りがふくらむ闇に火明かりでこいつを探す。近づけば灰桜色に口が闇へ浮かぶ。

「みつけた」

そっと煙草の灰を内に落とすと、一瞬火先が映って朱色の小蝶が舞うようにも見える。火先を口に沿わせて動かせば、闇に小さな走馬燈が回りだす。離せば失せる。真上から火先を差し入れ、上げ下げすると内から暗い朱色のひだひだがまといつき、ゆらめいては消える。

こいつとタンゴでも踊る気分で遊んでいると、酒もまわって、ゆっくり、ゆっくり、眠気が降りてくる。

カギ

神社の境内などで開かれる骨董市は思いがけない物たちと出合えて楽しい。木枯らしが吹き抜ける薄縁《うすべり》の上からアフリカの古民芸かと手に取れば、脇で「お蔵の鍵、鍵ですよ」と主人の声。これはまた大仰な、呆気に取られ眺めればどっこい錆味のまわった姿は捨てがたい。何やら現代美術のオブジェのようにも見えて、ひんやり重さが手の平に滲みた。

先っぽの円柱は空洞になっている。こいつは花生けに使えるぞ、思い付きに心はしゃいで、「水を入れても漏れないかしら」、つい口に出た。「お客さん、それは鍵、鍵ですよ」、付き合いきれぬと声にある。めげずに、いくらとたずねれば、どうにでもしてくれのただのような値段。

持ち帰ったものの、鍵がそのまま立つわけもない。さてどうしたものか、ためつ

▲砲弾とムラサキシキブ　高さ13.5cm
◀鍵とヒオウギ　高さ27.5cm（口絵参照）

すがめつ眺めれば円柱の底に微かに緑青が湧いていた、掠れ傷には赤味が走る。鉄だと思っていたが赤銅だ。わずかな金、銀と銅の合金である赤銅は、特殊な液で煮沸すると真っ黒に色上げする、と聞いた覚えがある。永い年月をへた黒色は深くて強い。それでいて柔らかな表情もかもし出す。金物は丈夫なだけで味わいにとぼしいと思われがちだが、肌は繊細な生きもののようだ。

さて、どんな敷板にどうやって立たせたものか。鍵の取っ手へ短い足を取り付け、穴をあけた木や石の板へ差し込むか。磨き上げた鉄板へ直に溶接してしまおうか。その際、敷板の形はどうしたものか。アイディアは様々に浮かんだがどれも仰々しくて気に入らない。

ある日イメージの中で立つはずのない鍵が梅一輪咲かせてすっくと立ち上がる。ああ、イメージだけでいいのだと得心がいって鉄工所へ持ち込むつもりの絵図面をやぶって捨てた。

以来、空想で花を生けて楽しんでいると写真の坂本さんに話したら、鍵を持ち帰って翌日にはイメージのまんまを写しとり涼しい顔で届けてくれた。鍵の玉子みたいな可愛いヒオウギの種へ気をとられ、どんな仕掛けで立てたのか聞きそびれた。

ムラサキシキブの一枝を生けてみたのは機関砲の弾丸。これも骨董市でめぐり合った。「弾丸です」と聞いて一度は棚にもどしたが、ずっしりの重さが懐かしい。生活の内に重さのアクセントが失してしまったのはいつの頃からか、そんな思いで買い求めた。先端に穿たれた小さな溝が鉄錆色のやさしい姿を引き締めている。下に巻かれた赤銅の帯が安定感を生んでもいる。

先端に窪みがあって水が十分に入る、しかし弾丸だと思うと遠慮が生じ花を生けたことはなかった。

ところが、空想の花入れがあっけなく写されてしまったら弾丸にも花を生けてみる気になったのだが、そんな心変わりを解くカギはまだみつからない。

貝の色

二十年前、貝細工を求めて湘南の江ノ島へ足しげく訪れたのには理由がある。当時すでに写真の物たちは時代から取り残されて、どの土産物屋でも棚やショー・ケースの物かげに忘れられたようにころがっていた。それに日に焼けたシールへ記された値はどれも一桁まちがえたような数字が並ぶ。埃をぬぐって店員に差し出すと一様にこんな物どこにありました、うさんくさげな顔でいう。値に気付くと売るのは惜しいと口にはするが、たいがいはその値のままで売ってくれたものだ。

四羽の水鳥は棚板の隙間へ埃といっしょに埋まっていた。真珠かしらとマッチ棒で掘り出すと次々に可愛い姿が現われた。これは四九ページの写真の函のおまけについてきた。

「以前、島内に幾人も細工職人が住んでいた。蝶貝や鮑貝で帯留やブローチ、コンパクトにシガレット・ケースとそれぞれに得意があって腕を競いあっていたものです。それが一時、貝の加工で散る粉が肺に悪いと噂が立った。一人二人と水晶の加工工場のある甲府へ転職してしまいましてね、今では一人もいない」

赤銅色に焼けた顔へ深い皺を刻んだ老店主から聞いた。

「白蝶貝の細工にかけては島で一番といわれた職人がいた。その男の手にかかると貝の色が変わってしまう、色であって色でない。

その男がある時旦那持ちの芸者といい仲になって、にっちもさっちもいかない。駆け落ちの算段でもあったんでしょう、めちゃくちゃに仕事をした。ところが、どれもこれも恐ろしいほどの出来ばえ。うちでもずいぶんといい商売をさせてもらったものです。さすがに無理がたたったんでしょうね、肺の病いで臥せってしまった。やっぱり貝の粉はいけないんでしょうか。それからじきでした。大島で件《くだん》の芸者と心中して果てた。手元に残った帯留とブローチ、あの男の死支度だったと思うと悲しくって売り物になんか出来なくなってね」

店の奥から持ち出してくると、お見せするだけですよと念をおし、ブローチ一つ手渡した。ポッテリとした白蝶貝へ咲き切った一瞬の牡丹一輪が刻まれていた。淡いピンク味をおびた真珠色の花弁が重なりあい、クリーム色の翳を生んでいる。角

▲▶貝細工　函　3.5×9×6.5cm／鯉　長さ6cm／ブローチ　対角線5×4cm／水鳥　高さ2-3.3cm／牡丹ブローチ　長径5cm
◀函　4.5×10×8cm（口絵参照）

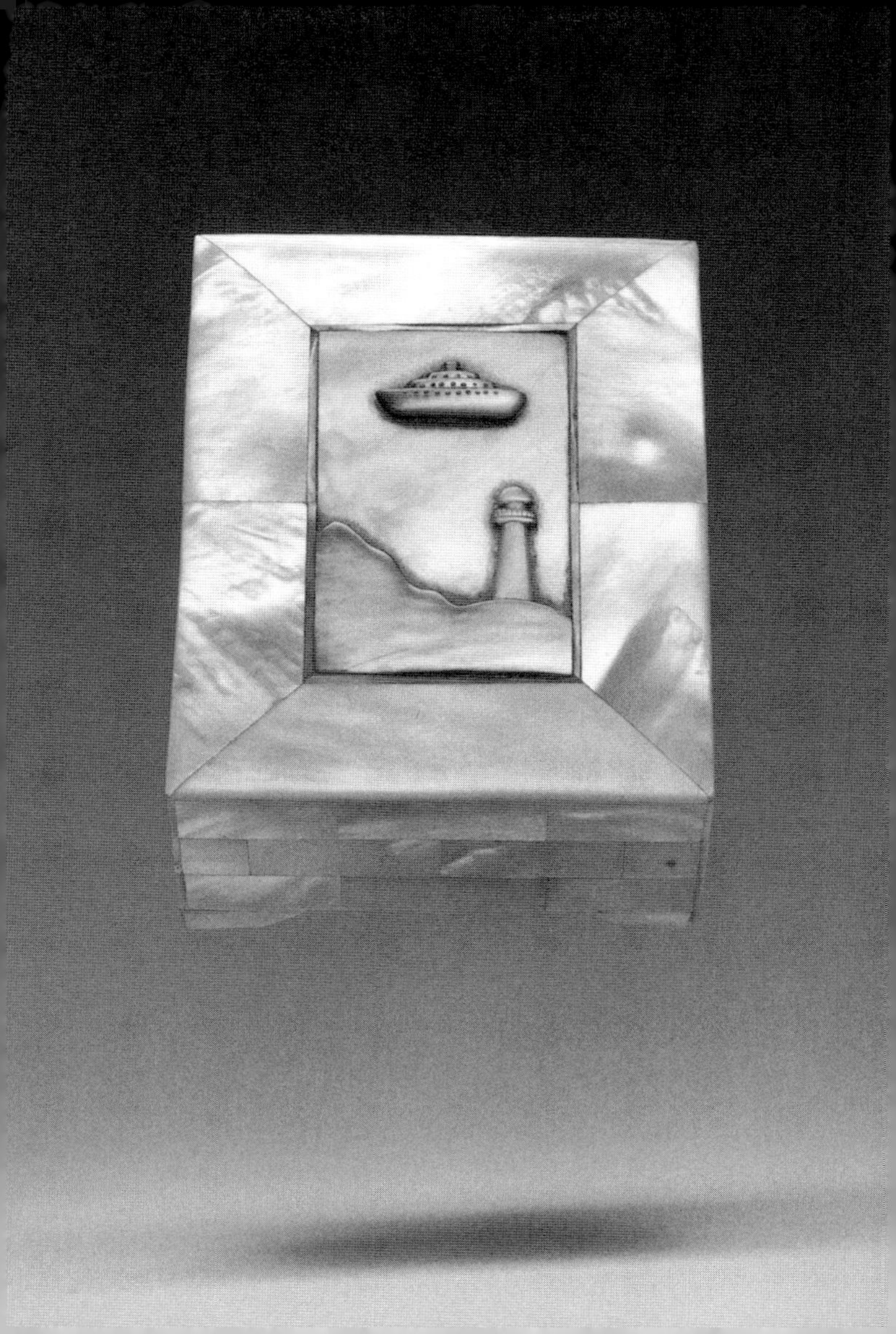

度を変えると花弁はいっせいに銀白色にきらめきたった。内にはぞっとするような青味がひそむ。女人の白い肌、その内をのぞき見たようななまめかしさ。男の惚れた女の肌を思いやったものだ。

売り物ではないと知ればいっそう思いがつのる。もしや男の仕事が他の店には残っていまいかと江ノ島行きを続けたが、牡丹にめぐり合うことは出来なかった。

貝細工を見ているとなつかしさがこみ上げてくる。それは色とも光ともつかない貝の彩によると思われる。母親の胎内にあった頃の色と光の遠い記憶でもあるのだろうか。

「色であって色でない」、老店主の台詞が蘇る。色であって色でない貝の色は色という物それ自体へ人の目と心をときほぐしてくれるようだ。

目の演歌

千鳥のかたち、とりわけ丸っこい姿が好きだ。琳派のような高雅なてではない。かき氷屋の旗にあるそんななりがいい。

子供の頃、買物帰りに祖母は「かあさんにないしょ」、毎度同じ台詞を口にして氷屋の葦簾《よしず》の内へ手を引いた。五つ六つの子供の口は氷の山が半分も崩れると冷たくしびれ、イチゴの味も甘ささえわからなくなる。ぼんやり見つめた軒先へ氷一字の旗がある。文字の左右に青い鳥。「目ン無い千鳥のさみしさは……」、小声で歌うようにあれはチ・ド・リと祖母の声。悲しげな歌の印象と千鳥の姿が重なった。

路地を吹きぬける風で旗の千鳥は翼をばたつかせ、健気に飛ぶように見える。下から波頭が追いたてる。真昼の幻燈に見惚れていた。「こぼれますよ」、声へふり向くと氷水の紅で染まった祖母の唇がちょっぴり恐くもあった。

◀千鳥引手金具　左右9.5cm（左、口絵参照）

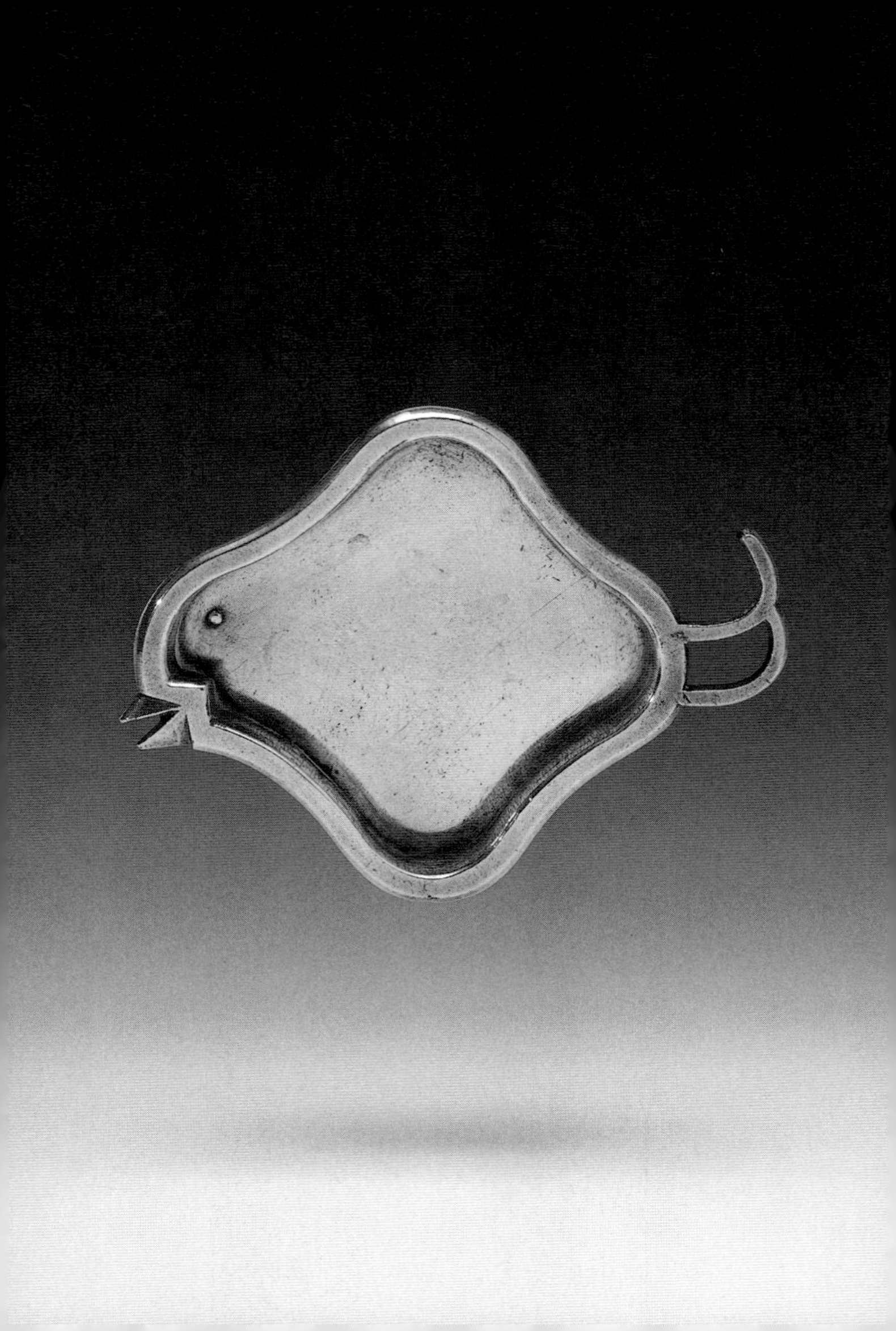

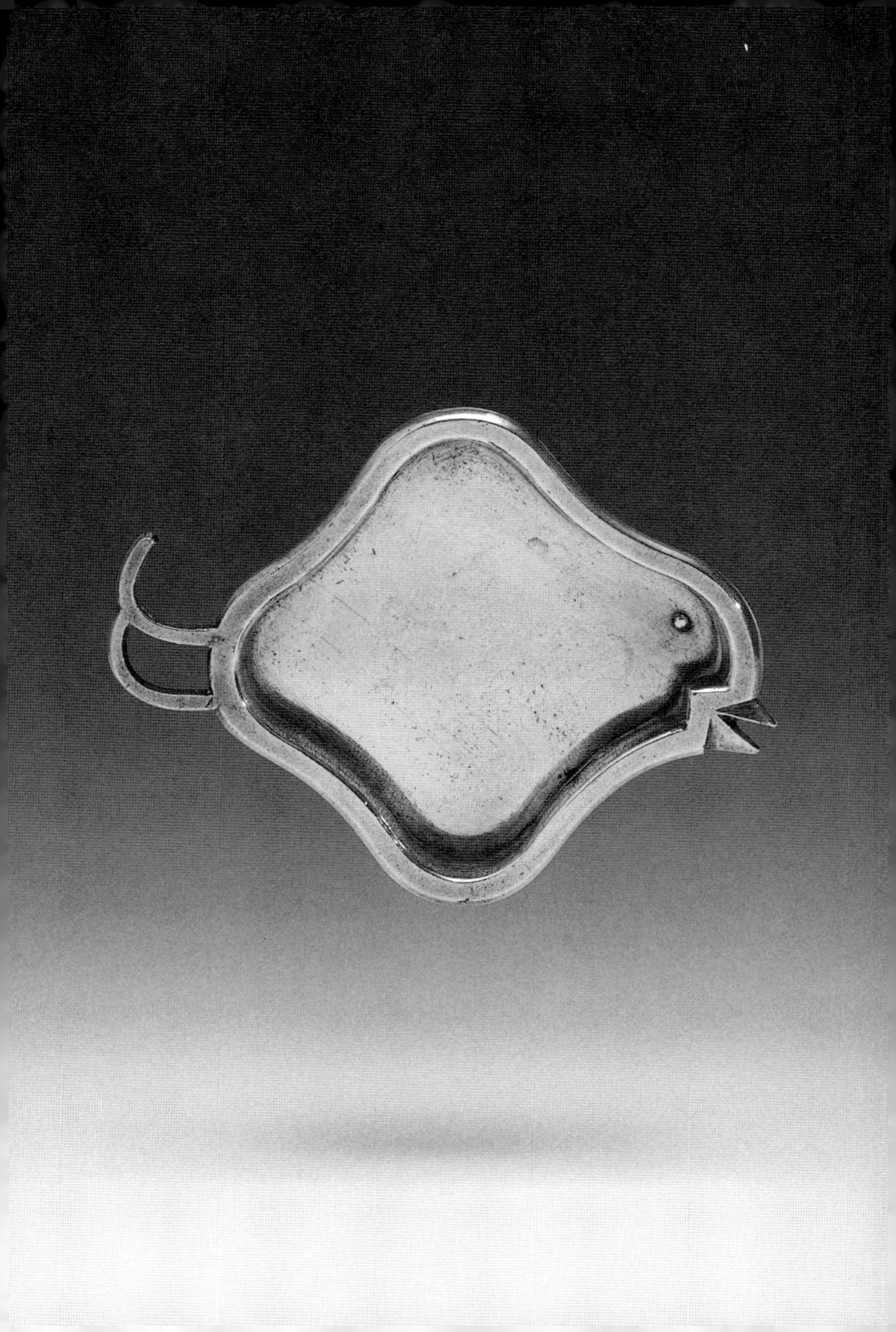

淡海《あふみ》の海夕波千鳥汝が鳴けば心もしのにいにしへ思ほゆ

万葉集の歌や様々に図案化された千鳥の姿を知るのは長じてからのこと。古物に興味を持つようになって骨董屋や市で千鳥を見つけるとつい手が出る。蝶貝蒔絵の盆、染付や印判の皿に鉢。ゆの文字へ波千鳥、風呂屋の暖簾を買っても来た。いずれも素朴な姿かたちだけれど、可愛らしさにせつなさもないまぜになって見つめていると心の羽根も伸びてきてうっとりしてしまう。千鳥は目の演歌のようだ。

ページを右左へ飛ぶ千鳥は襖の引き手金具。翼を象《かたど》った縁のラインがゆるやかに伸びて頭を形作る。下から伸び上がったラインは折れ曲がり、ひとつらなりになる角に嘴《くちばし》が刻まれている。巧みなさばきだ。さえずりが聞えてきそうな愛らしい嘴の直線とはね上げた脚の曲線の対照も面白い。尾羽根の内にも角のある顔の側にも指先が三本ピタリ入って使い勝手もよいデザインだ。

平面の部分と縁の内は赤銅、縁にちっこい目が真鍮。色の異なる金物の取り合わせもしゃれている。さぞや粋な座敷の襖に飛んでいたのだろう。真っ黒に色上げされた裏面に小さく又二と彫ってある。職人の名ででもあるのだろうか、江戸の仕事ではないかと思うのだが、これは不明。

もう一羽とめぐり合えたら襖を新調しようと手ぐすねひいているのだけれど、まだ飛んで来てくれない。

ものずき

古美術骨董には縁のなかった二十代の頃、もっぱら雑貨屋に心惹かれていた。それも地方の山村や漁村の店が魅力的だった。

埃の積った棚に大正から昭和初期の日常雑器が眠っていた。ガラスの醤油さしや小鉢に杯、どれもただのような値で手に入った。醤油さしは今も当時見つけたものを使っている。姿形に使い勝手も今物《いまもの》が入りこむすきがない。

木製の大根おろし器を見たのがきっかけで竹や金属、陶磁器と買い集めた。昔小学校の水場の蛇口に鎖でつり下げてあったアルミのコップ。噛むと不思議な味がした。懐かしくて探し集めたこともある。

愛知県の山奥で大正の下駄の鼻緒を見つけた。子供用の五センチほどの鼻緒、赤や青や黄色のビロード地にエナメルで夢二もどきの絵が描かれている。ありったけまとめて買って帰った。ある日、外国の女流画家に見せたら持ち帰ってイヤリングやベルトに仕立てたのには驚いた。

二十代の半ば頃、勤め先の近くに洋食器の卸商があった。道路に面した窓ごしに様々な器物をのせた棚が見えている。応対に出た老店員の話によると創業は明治、帝国ホテルや国鉄の食堂車で使う食器を手がけていたという。写真のティーポットはそこで手に入れた。帝国ホテルからの注文は銀でおさめた。形が面白いのでステンレスでも作って売った最後の一つ。アールデコ風の姿もさることながら使い勝手もすこぶる良い。以来二十年そばにいる。白いカップは一九三〇年代のウェッジウッド、銀座の西洋骨董の店でめぐり合った。ポットとカップが揃うには十年の間があった。

偏屈な物好きの性か、普段の道具であればなおのこと気に入った物がなければ置かぬ主義。コーヒーカップはそば猪口で間にあわせている。姿形が気に入っても値段が納得のいかぬこともある。たかがコーヒーカップの分際で、とさっさと未練は切っている。

煎茶の急須は昨年の暮れ、住い近くの古美術店で出合った。もう急須はあきらめていた。今物にしても、まして古物では姿が良くて機能的な物など見たこともない。

◀錫製急須　高さ17cm（蓋のつまみまで）／そば猪口　高さ6.3cm　口径７cm／ティーポット　高さ13.5cm／ティーカップ　高さ6.3cm　径７cm（口絵参照）

永いこと味もそっ気もない白磁で間にあわせてきた。

写真のそば猪口は明治の印判手、これまで出番のなかったものがお月様みたいな錫の急須の到来でいそがしくなった。もう永年の連れ合いみたいに茶盆におさまっている。それにしても写真の急須、店の主は多くを語らなかったけれどよほどの物好きの手にあったにちがいない。取っ手の形といい蓋に付けた石のつまみは誂えの品だろう。何とも可愛らしい姿だ。

いずれの品も安物ばかりだけれど普段の暮しにすっぽりとはまっている。さして主張もせず、それでいてこちらの目がいけば変わらぬ表情で迎えてくれる。ありがたい物たちである。

フラスコ

祖父は海産物の仲買いを生業としていた。買い付けの旅でもあったか五つ六つのころ連れられて三陸を旅した。

その車中、うたたねから覚めた目へ、祖父が上着の内ポケットから銀色の小さな水筒を取り出して口に運ぶ姿が映った。一瞬、手の内へ車窓からの光を束ね飲み込むようにも見える。おじいさん、そう呼びかけることを拒む気配にこちらは言葉を飲んだ。祖父であって祖父でない見知らぬ男のように眺めていた。そんな印象が銀色の水筒と一つになって記憶の底へ沈んでいる。

二十代の終わり頃から旅の仕事が続いた。祖父の水筒が無性に欲しくなってデパートをあちこち探したが、革張りであったり大きすぎたりと記憶の銀色には出合えなかった。しかしフラスコという名をその折に知った。

▲銀製フラスコ　高さ13.8cm　左右10cm　口径2.4cm
◀銀張り製カップ　高さ4.5cm　口径３cm

写真のフラスコ、めぐり合ったのは東京の西洋骨董店。英国の軍人達に愛用されたスタイルで一九三〇年代の物だという。蓋が蝶番《ちょうつがい》で肩に取り付けてある。これなら歩きながらでもやれる。手に取ればまぎれもない車中で祖父が手にした形。平べったく横へ張った胴がわずかにそり曲がり胸や尻のポケットへピタリおさまる。容量はショット・グラスで四杯ほどの数値が底に刻印されているが、旅の酒には十分だ。銀製ということもあって小遣いではたりぬ。無理をいって分割にしていただいた。

旅で飲むというより湿らせるほどの量を直接口に受け、煙草を一服する按配で口中へ転がせば酒の味と香りがやさしく拡がる。やがて溜息の一つもこぼれ心はいっそう寛いでいる。連れのある旅では直接というわけにもいかぬ。同じ店の主人にお願いしてロンドンの市で似合いのカップを二つ探してもらった。こちらは銀の張りだけれどバッグの底へ裸で転がしておいてビクともしない。たしかな仕事だ。

旅の前夜、本棚の本の間へ立ててあるフラスコを取り出す。半年もほうっておくと表面が黒く曇ってしまっている。平生《へいぜい》に飽いて旅へ出るこちらの心模様を見るようだ。

布で拭い磨くと銀色が掠り傷といっしょに蘇ってくる。こちらの手へ渡ってからも十数年が過ぎた。ともにあった旅の切れ切れが傷の一つ一つへからみつく。忘れられない時もある。忘れてしまいたい事もあった。そんな旅のあらかたをフラスコの肌へ映してきた。幼い日の祖父のように自分であって自分ではない、そんな姿も映っていたか。それを見すごしてしまったこともあったろうか。

小さな漏斗でいつものウイスキーを注ぎ込む。蓋をするとあふれた一雫が銀の肌をつたう。受けた舌先へ鋭い痛みが走った。

小皿

　仕事の旅であっても行く先の骨董屋さんの有無は本で確かめておく。小一時間も都合がつけば車をたのんで一回り出来る。そうやって盛岡で懸仏《かけぼとけ》、水戸では白岩焼《しらいわやき》の小壺と出合えた。数ヶ月も旅から遠ざかっていると骨董屋めぐりの思いが旅心へ火をつける。花も仏もあとはおまけのようなもの。

　旅に出ても何ひとつ心に掛かる物と出合えない時もある。そんな折は伊万里や九谷の色絵の小皿と決めている。どこへ行っても伊万里の染付はいい趣味のお墨付きと手業《てわざ》信仰でふざけた値札をぶらさげている。それに比べ色絵は見た目にもケバケバしく、使い勝手も悪そうで人気が出ないのか真っ直ぐな値だ。色絵にかぎらず食器を五客、十客と揃える気はさらさらない。一客、二客と売れ残った品のわずかな擦り傷をいとわなければ思いがけない安値で手に入る。

いつ頃からか惣菜は鉢や大皿に盛ってテーブルに出す。それに合わせて人数分の小皿を用意する。客でもあれば色絵の取り皿が出そろってテーブルは花畑のよう。これは幕末、あっちは明治。こいつはどう見ても大正の絵付けだと、その賑やかなことったらない。

色絵の皿もかつて商品として作られたもの、それぞれ時代の色や絵柄の好みから自由ではない。五十年、百年をへた皿たちを手にその図柄の意味をあげつらってもせんないことだ。作り手のメッセージはこちらへなど向いていない。あざとい色使いや重ったるい図柄もあってないにひとしいのだ。現代的なデザインといわれ、機能的でシンプルな今物の皿がそのまま現代的というメッセージを色濃く装っているのに比べ、大時代の皿たちはメッセージがそっぽを向いているぶん爽《さわ》やかだ。すっかりと異邦人の気分で付き合える。

以前、旧家の道具蔵で「これはお正月の……」「こちらはお節句の……」とおびただしい数の九谷や伊万里の色絵の食器を見せていただいたことがある。おおかたハレの日の特別な器で普段使いの物ではなかった。大鉢や大皿に惣菜を盛り付けた姿が子供の頃の花見や運動会に母親が用意した重箱の記憶へ結びつく。それだけではない、家に不幸があった日のもてなしのそれにも重なっている。無意識にしてき

▲大正九谷皿　径12cm／伊万里皿　長径16.5cm／伊万里皿　長径14.2cm
◀明治九谷皿　径10.8cm／伊万里皿　径9.4cm／幕末九谷皿　径10cm

たテーブルのいとなみが日常なき日常とでもいえる何やら荒涼とした華やぎに見えてもくる。

こちらの無知を棚にあげてのことだが、さまざまな物に意味が厚着させられている今にあって、市や見知らぬ土地の骨董屋に意味や目的からひとまず解き放たれている物たちへ自分を探す旅に終わりはなさそうだ。それもどうやら両親や祖父母の生きてきた時代の周辺をうろついているにすぎないのだが、それですら昭和、大正、明治、江戸末へと小心な古物好きには十分すぎる旅路ではある。

買物控思案

貝の兎

子供の頃、年に数度の東京行きの楽しみは、まず何よりも、湘南電車にたっぷり一時間乗れるということだった。席に座るなり大きな窓に顔を押しつけ、飛ぶように流れる景色を一瞬たりとも見逃すまいと目を凝らした。

今も思い出す風景に、うさぎのかたちにくりぬかれた野立看板がある。〝ラビット〟という名のスクーターの広告だった。松の緑が繁るなだらかな丘に、白いうさぎの走る姿がわずかにかたちを変えながら五、六匹、一定の間隔でくっきりと配されて、そこを通過するたびに、かけっこが苦手な僕は、自由に野を駆ける夢がもらえた気がした。

写真のうさぎは螺鈿《らでん》細工に使われた蝶貝の切れ端で作られたもの。ぽっちゃりとした下肢のなかに抉られたような足先は、実は貝殻の自然なかたちがそのままに生かされている。上肢から長い耳をもつ頭部へかけては、手慣れた刃の跡が見える。熟練した職人の、仕事の合間の気まぐれな目に拾われて、うさぎのかたちに生まれたか……。

◀貝の兎　高さ2.5cm　長さ４cm

蓮の花

家の近くに蓮沼と呼ばれていた池があって夏は子供達の格好の遊び場だった。ある日、ザリガニを追って池の北側へ初めて回った時の事。足元がグラリ揺れて足首が引きずり込まれる、恐ろしさに声も出ず眼前に咲く蓮の花をすがる思いで見つめていた。底から水が湧き出ている、そこに足を取られたのだと知れるまでどれほどの時が流れたか覚えはないが、花の姿は脳裏に刻まれた。

供養具の蓮花は紙や布、金属と様々に作られてあるが写真は木の造花。ほっかりと花弁を開いた姿が記憶の花にかさなった。

明治の作だと聞いたが金箔もほどよく枯れて心地よい。

◀蓮花供養具　長さ43.5㎝

小さな仏

出合頭に買うと決めた、蓮台の容姿に一目で惚れた。ふっくりと優しい蓮華の、そおっと包みこむようなしつらえに対して、やや荒削りな像が、かえって祈りのいちずさを感じさせる。主人の目をさけ、ためつすがめつ手にした仏を眺めていた。値を問うことをためらっていた。高い値を恐れていたのではない。小さな仏をすでに幾躰か買っていて、おおよその見当はついていた。良い物と出合い、良い買物をした満足で持ち帰りたいと念じていたのだ。

こちらの溜息をしおに、笑《えみ》をうかべて主人がやって来て「良い作でしょう」といって値を告げるなり、ひょいと取り上げ、返事も聞かずに柔らかな紙で包みはじめたものだ。

張り裂けそうな心を引きずって仏の前にへたりこむ。

香をたむけ、祈るでもなく見つめていると、ひと息ごとに心がしずまっていく、そんな幾夜かがあった。

◀二体仏　高さ10.5cm（台座含む）

台

どうしてこんな物に惹かれてしまうのか、己に己が当惑して溜息がこぼれる。

一様に赤錆びた工具が雑然と入った木箱の中の鉄板へ一直線に目が行った。四つ足の台。赤茶けた鈍い色味と重味が細長く短い足を付けた姿へ見事につりあって心地よい。

細かしい手仕事の場であったか。鋭い一撃を受け止めていたか、小突くような連続音を響かせていたものか。ふしくれだって油に染まった男の手が見え隠れする。

それにしても一筋短く擦り傷があるだけだ。鉄の表情はいかついが加わる力には素直に応ずる。男の手なぐさみの品かもしれぬ。気まぐれが切れ端に足を付けた、眺める男の深い溜息が聞えてくる。

形や色や手触りに目を澄ましていると見えてくるものがある。本来の用途を知りたいとは思わぬ、知ることで見えなくなることもある。

▲鉄製台　長さ20.7cm　高さ1.9cm　幅５cm

瓢箪

そういえば、仁丹ケースのコレクターがいると聞いたことがある。なるほど、瓢箪に出合って得心が行った。表が銀、裏は赤銅。上と下の口蓋が小憎らしい。上は葉形が曲面をスライドする。下は開閉式、真っ黒けを磨いてはじめて気がついた。市の店のガラクタ箱から拾い上げ主人に見せたら、どこにあったとただ同然でいただいた。四、五年前、人形町の袋物屋のウインドーで鼈甲《べっこう》の手を見たこともある。シールの数字が値とは思えず問えば戦後につけたままだと言う。

仕事に飽いた時など瓢箪へ手が伸びる。一ヶ月も放っておくと表面は曇ってしまう。磨き布で拭えばすぐにきらめく。小意気なお姐さんの胸元か帯の間にはさまっていたものか。葉っぱを頭にのせた子河童みたいで可愛いが、手に取ると思いがけない冷たさ。芳町あたりのお姐さん。ちょっかい出した客人へ小気味よい啖呵《たんか》が飛んだ。

◀仁丹ケース　長さ4.2cm

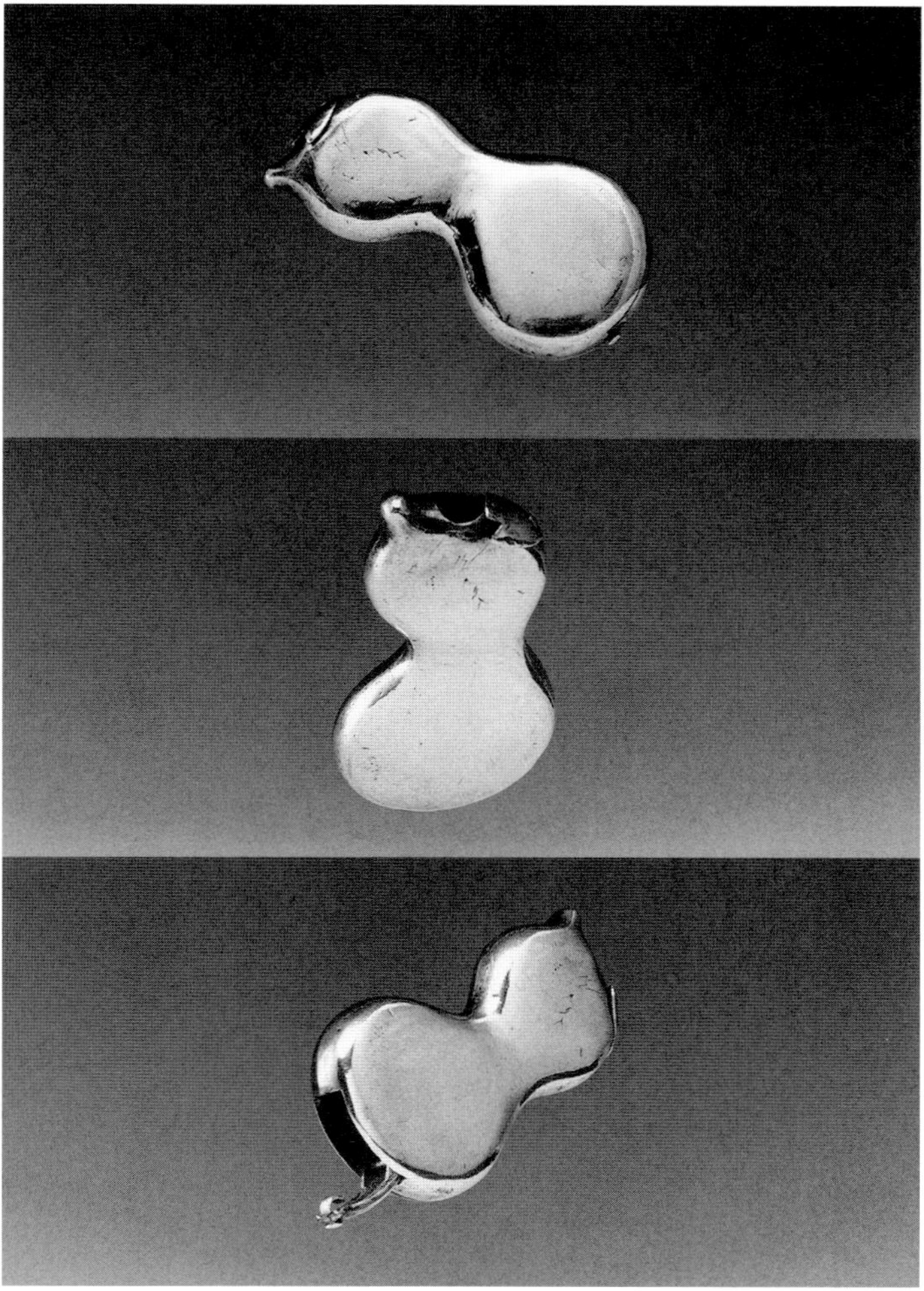

火箸

帆立の貝殻を長火鉢の五徳にのせ醬蝦《あみ》の塩辛を炒る。細身の火箸で混ぜ返していくと塩の香へ醬蝦が焼ける匂いも立ってくる。泡立つ水気が殻の内へ煮詰まっていくと周囲へ白いかさぶたがこびりつく。箸で掻き集めたそれを手に受け口を近づけ食らう。手品のような箸先を見つめていた。

「おまえも食べるか」、指先にのせられたそれを突き出したこちらの口へおく。「おじいさん、子供には毒ですよ、また、火箸でなんか」、祖母の声がする。

十能へ炭をのせガス台で火を起こす。火種へ火がまわると十能ごと居間の炬燵へ運び、床下へ切った炉へ移す。のり出した上半身の襷《たすき》がけのそでから白い腕が伸びる。太い火箸の先へ真っ赤な火の玉。

大人達がたやすくあやつる箸の重さに驚いた。そんな幼い手の記憶もあったか、市で手にした火箸の重さがとてもいとおしく思われた。

◀鉄製火箸　長さ26㎝

！

古物好きなら骨董市で一度や二度は経験がある。入口あたりで目に止まる物があってもまずは遣り過ごす。確かな収穫もなくあらかた見終え、あれでも求めて帰るかと件の店へ戻って見れば影も形も消えている。

この辺りに……指すが早いかあれは今しがた売れたと主人のそっけない声。とてつもない掘り出し物でも逃した胸苦しさにへたりこむ。逆もある、先客が矯《た》めつ眇《すが》めつ眺める手の内は一も二もなく買いの品。手を離せ、買ってくれるなと心の内で念じてしまう。思案が腕組して立ち去れば値を聞くのももどかしく包んでもらう。ほっとした先へ思案がもどってござる。

写真の観音菩薩を見るたびに腕組姿が目に浮かぶ。ナ・ム・ナ・ム・ナ・ム。

◀観音菩薩　高さ22.5cm（台座含む）

青銅の器

地衣類という、木の幹や岩肌に青白い瘡《かさ》ぶた状に密着した、あれも植物の一種。海に近い松の多い土地で育った、一人で遊ぶことの好きな子供だった。夏休みの宿題に地衣類だけを採集したこともある。

緑青の緑がまず気を惹いたのだと思う。手の平に乗せ、下部に穿たれた三つの孔に眼を瞠《みは》っていた。地衣植物の埃臭い、それでいて少年の淡い官能を揺らめかせた匂い。それが緑青の湧いた青銅器の匂いと気づいて、内に何か気恥ずかしい思いが生じ、人目から隠すように買って来た。

香炉にでも使うと決めて、仕事机の脇の棚に置いて一年が過ぎたが、蘇った匂いの記憶が消えてしまいそうで、まだ香を焚いたことがない。

仕事に飽いて、ふと器を見ている時がある。防風林の松の幹に地衣植物を集め歩いた、夏の終わりの荒れた波の音が聞える。

◀青銅器　高さ４㎝　口径６㎝

燭台

終戦後日本へ進駐した連合軍の気象隊によって台風にキティやジェーン、ルースと女性名が付けられた。ニュース映画で台風の災害を伝えるアナウンサーの声にそんなカタカナが舞うごと子供の心はふっと映像から遠のいたものだ。

台風が近づくと祖父は家の雨戸を閉め切って筋交いをあてがう。居間には停電にそなえ燭台が用意された。そんな夜、母の心配をよそに蠟燭の灯《あか》りを囲む食卓には心おどるものがあった。大人達は一様に上気したように顔へ赤味がさし、立ち振舞もキビキビと見えた。祖母が立ち上がると背後の襖から天井へ影が伸び上がっていく。風の唸りへ共鳴するように炎がゆれ食卓へ陰影がおどった。

はやばやと寝間へやられても襖の間から細くもれる灯《ひ》の明暗が台風の心臓を見ているようで眠れない。

◀燭台　長さ20㎝

型紙

写真は型染めの型紙。江戸小紋や大正風の絵模様を骨董市などで探し集めている。極紋と称される細かい紋様は熟達の職人でも二十日を要するという。思いがけない図柄との出合いも楽しいが錐や刃物で彫られた鋭く緊張感のある線になにより心惹かれている。

型紙は江戸時代に紀州藩が力を注ぎ伊勢型紙として全国に普及した。以来、伊勢の白子（三重県鈴鹿市）地方でその技は発展したという。地紙は和紙を貼り重ね柿渋で塗り固めたもので味わい深い。好きな燕の型紙がもう一枚手に入ったら、木枠を組み、張り回して行燈にしつらえようと思うのだが。

◀型染めの型紙　44×30㎝

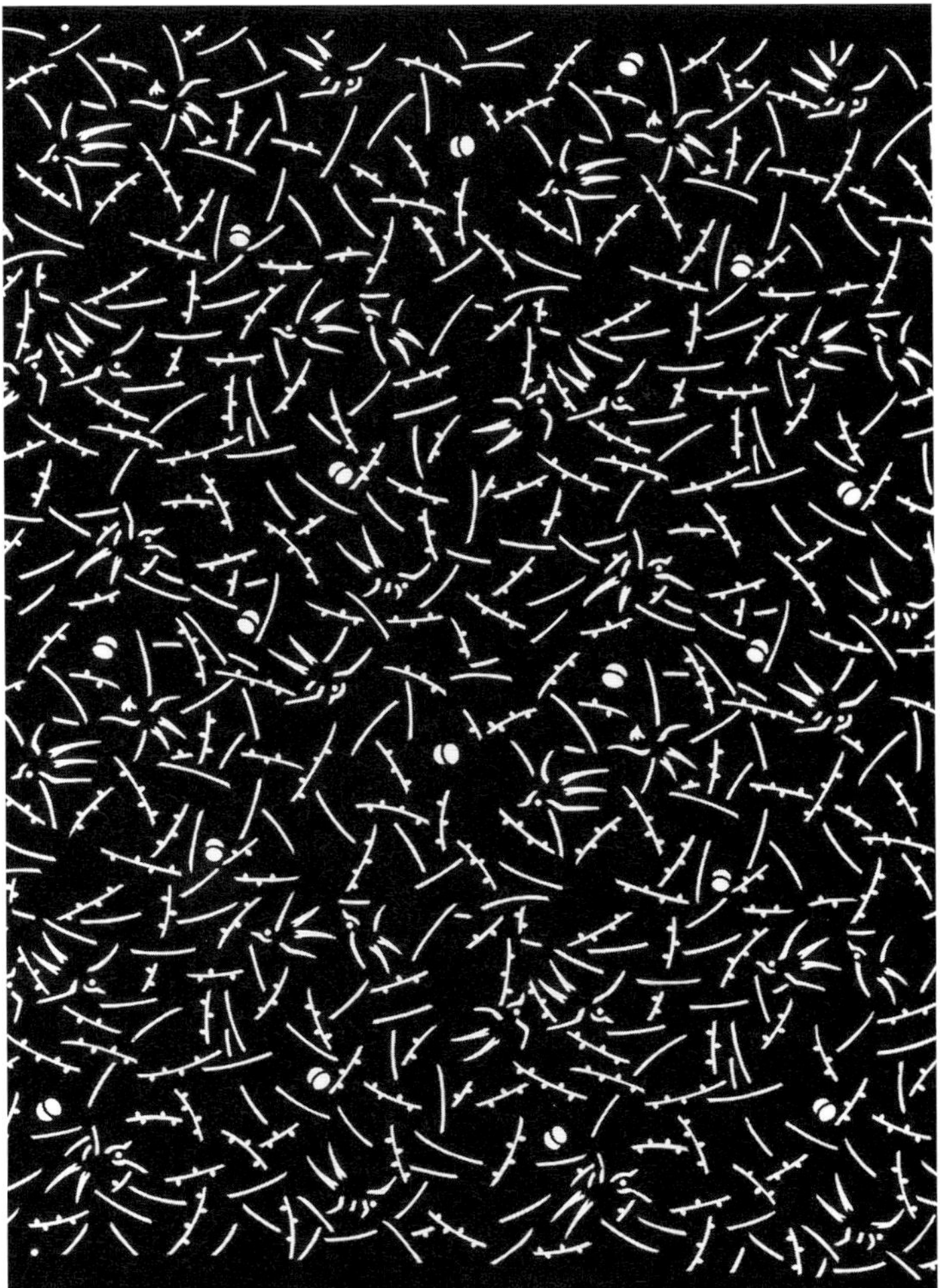

片

赤錆びた鍵や凹凸の雁首、金槌の頭に壜の蓋。古物好きでなかったらゴミでしかない物たちが汚れた木箱に入って置かれている。露天の市でよく見かける、そんな箱から拾い出した金属片。断面は摩耗して手に馴染んだが思いのほかの冷たさに見いったものだ。縁へ湧いた緑青で銅とは知れた断片へ如何ほどおいたかもう定かではない。

持ち帰ったそれをスタンドの光にかざして驚いた。光の加減で中央へ像身が浮き上がる。左右へ張り出しているのは天衣の形。頭部と両腕を欠いた金銅仏か。扁平な側面の眺めは全身に風をうけて立つ清冽な古様の姿に見えもする。

時代を詮索する柄ではない。明暗によってゴミが仏に変化する、物の不思議に見惚れていた。見えているのは光。遠い光。

◀金属片　高さ７㎝

へら

子供の頃、縫い物をする祖母や母の姿をよく目にした。炊事や洗濯と同じ、日々欠かすことのない暮しの一こまだったか。時おりもたげた針を髪へ差し入れする仕草、何やら不安気に眺めやったものだ。拡げた布にチョークで記し、竹尺をあてへらで筋を引く。白い象牙のそれを家内の遊び道具とねだったが決して貸してはもらえなかった。写真のへらは京都の古物商の店先に山盛にされていた。中にたねやきんと名を刻んだものもある。龍の一字と無名を一本買ってきた。これ、チーズナイフに使えそう。手にしたら御用、御用と口に出た。そうだ、チャンバラゴッコをしたかったんだ、これで。

◀へら　長さ10.5cm／1.5cm

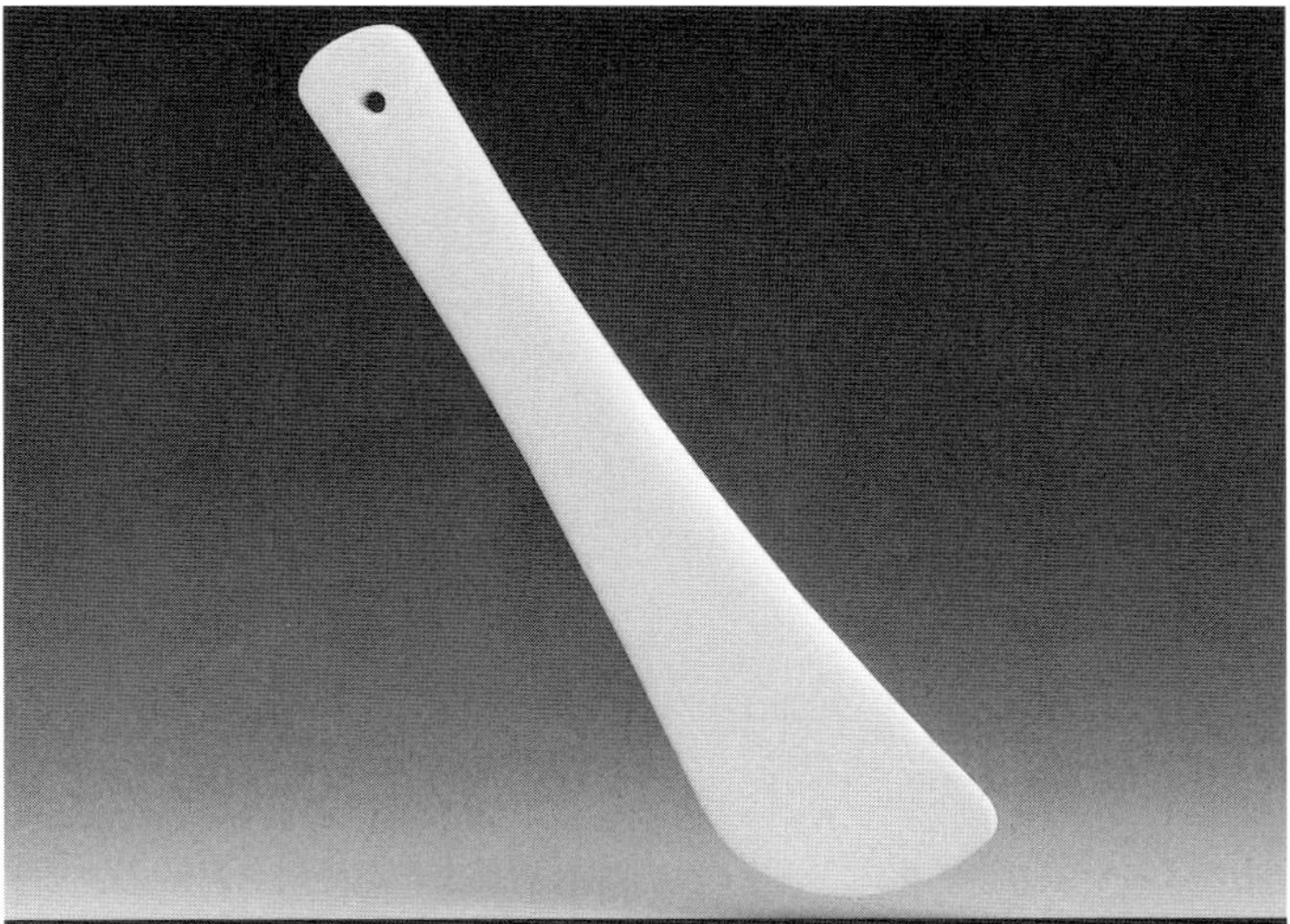

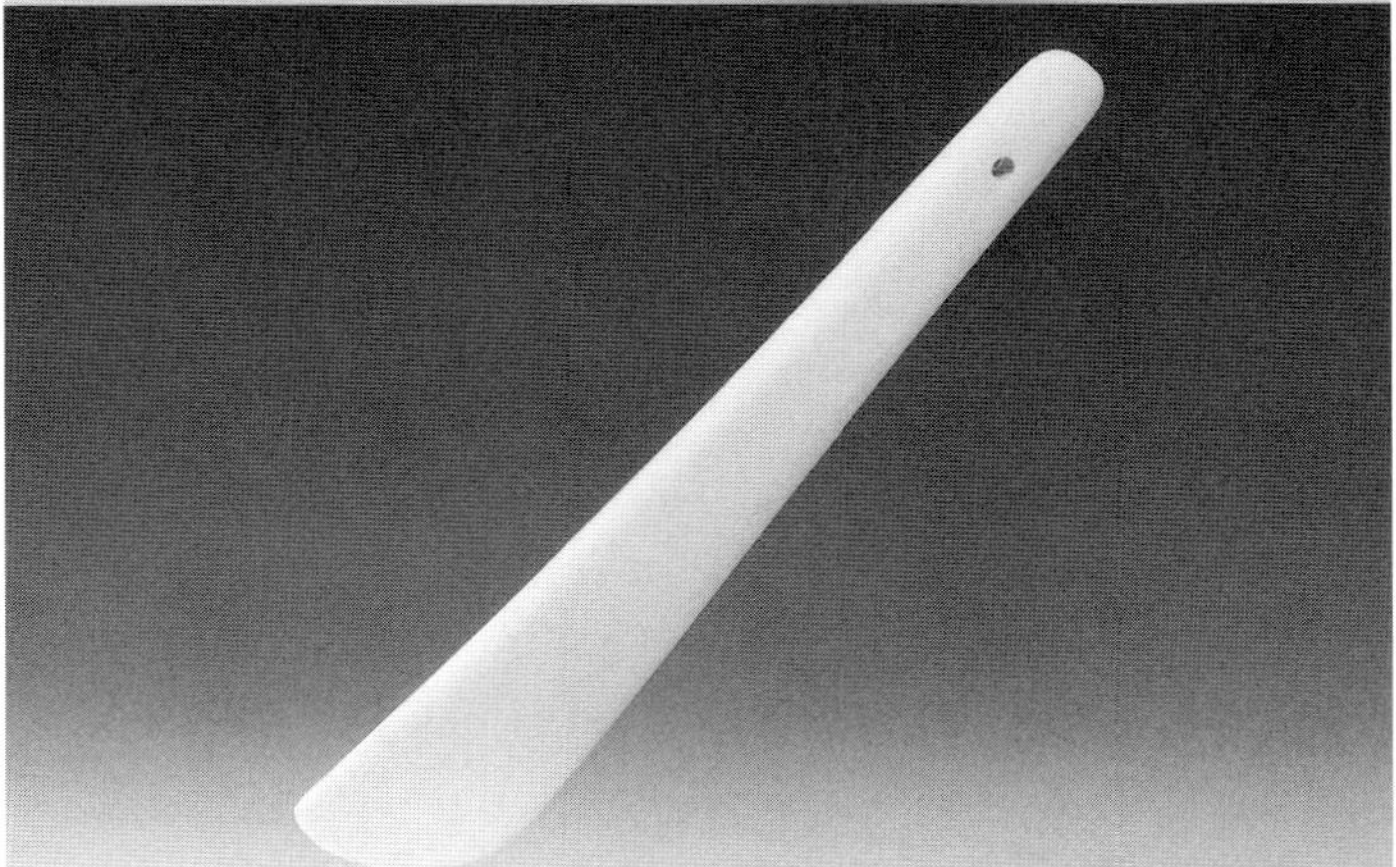

何

神社の境内で開かれる骨董市。いつもの場所でもっぱら紙物を商う主人の脇に珍しく木切が置いてある。仏像の残欠らしいと数も数えずこちらの両手へ握ってよこす。何が何やらわからぬ中に上品上生《じょうぼんじょうしょう》の印を結んだ阿弥陀の手。残欠はいろいろ目にしてきたがこんな物に出合える不思議に目を凝らした。

その手を残し握りもどして、恐る恐る「これをいただきたい」と差し出せば切れ切れを指でかきわけ「お客さん、これ何なんでしょうね」。「仏像の残欠です」、冷静をよそおうこちらの物言いが玄人めいて聞えたものか、安堵がいっしょ千円の声に出た。

そのまま胸のポケットにおさめ、札を取り出す手が震えてた。印の心とうらはらに心臓の音が聞えそう、そっと左手でポケットの上からおさえたものだ。

◀仏像残欠　長さ７㎝

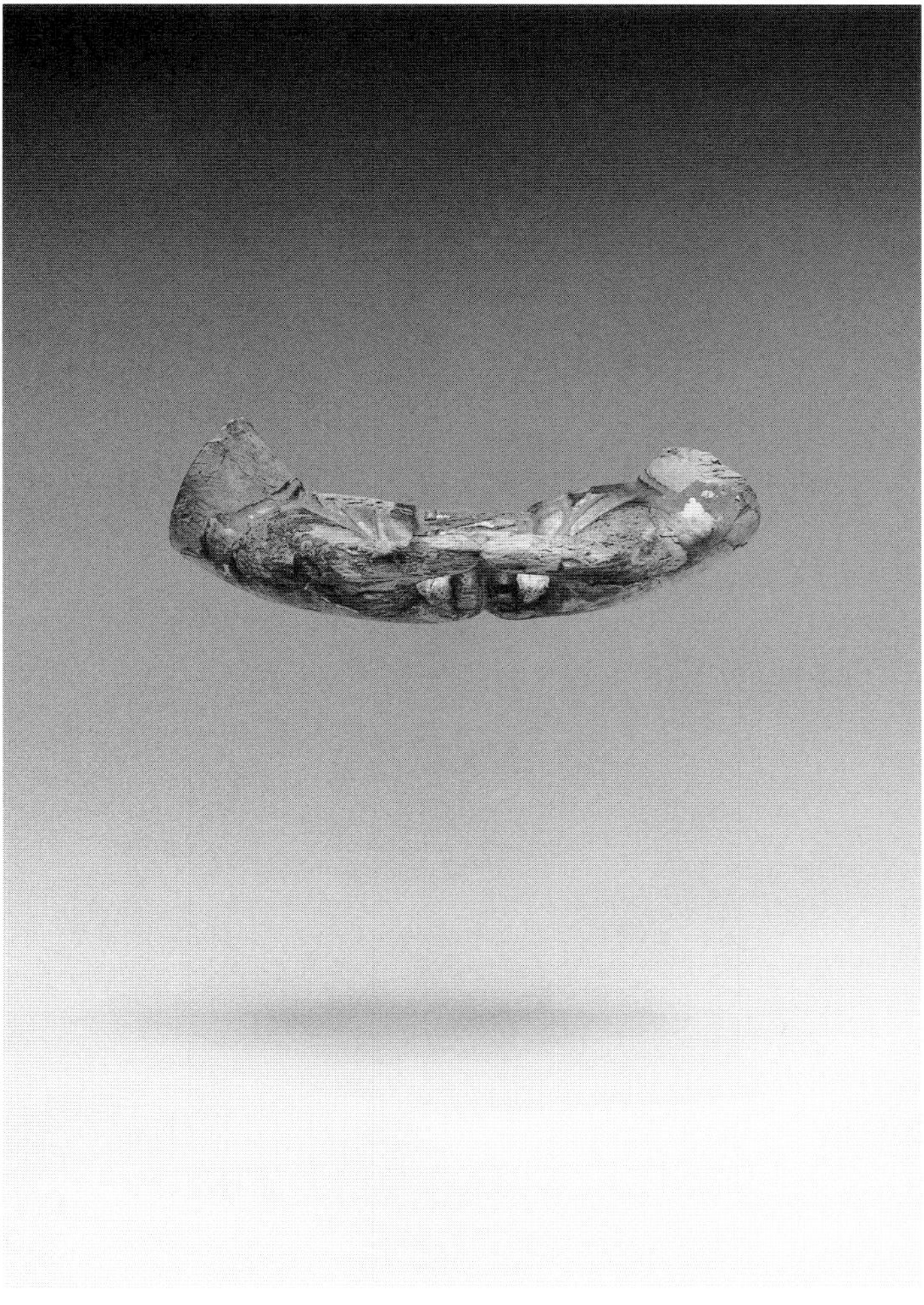

銅の小壺

遠目には瀬戸黒の小壺と見えた。触れると、ひんやりとした金属。手に取れば確かな銅器の手応え。しかし、手の平へすっぽりとおさまって、こちらの温もりにあっさり馴染んでいる。酒器には少々小ぶりだが、口元の傷がいかにも不憫で離せない。すぐにも水を満たして、花一輪でも添わせたい。「江戸は十分にありますよ」、女主人の言葉もそこそこに裸のまま持ち帰った。身近に置いてしばらくたつが、ふっくりと穏やかな姿に目がいくと、手が伸びている。それにしても、わずかに開いた口元の傷はどんな難儀によるものか、繰り言の一つでもいいから聞いてみたいと耳を澄ます。

◀銅製壺　高さ8.5cm　口径４cm　底径5.4cm

韋駄天

市の店の薄縁に並ぶ皿や鉢。端へ転がる真っ黒け。重りの石かと目を凝らすと仏の姿。手に取れば幼子が駄々こね泣き叫んででもいるようで可愛らしい。

手の平におさまる小像だが、鎧姿と思しき像は手練《てだれ》の仕事。細部は削げ落ち煤や油でトロトロになってかえって像と像を刻んだ精神の骨格はあらわになった。

鎧や胸前の腕は天部の像、合掌の形に剣を横に置く韋駄天でもござったか。伽藍《がらん》を守護する像だが、食の不自由から人々を守るという。どこぞの竈《かまど》の上にでも祀られていたものか。まだ一年ほどの付き合い、泣きやんで真顔で何やら話しかけてくれているようだが聞き取れずにいる。

◀韋駄天　木製　高さ12㎝

鋸

電気冷蔵庫などなかった子供の頃、氷で冷やす木製の冷蔵庫を使っていた。氷は門先まで配達されてくる。氷屋のリヤカーが止まると真っ先にとんででた。横積みされたひと抱えほどの氷柱を引き出し求めに応じて切ってくれる。一辺へシャッと音立て鋸のすじが入るとあとは一気、前後上下へ鋸が引かれみるみる氷の内へ切り入っていく。透けて見える刃の姿に見惚れた。一瞬氷中へ白い稲妻が走り刃先が消えもした。

氷を心待ちしていたのではない、切るという行為それ自体に目と心を奪われていた。露天の骨董市で手に入れた鋸。書斎のヨーゼフ・ボイスのオブジェの横へ写真の姿でおさまっている。

◀鋸　長さ44.5cm

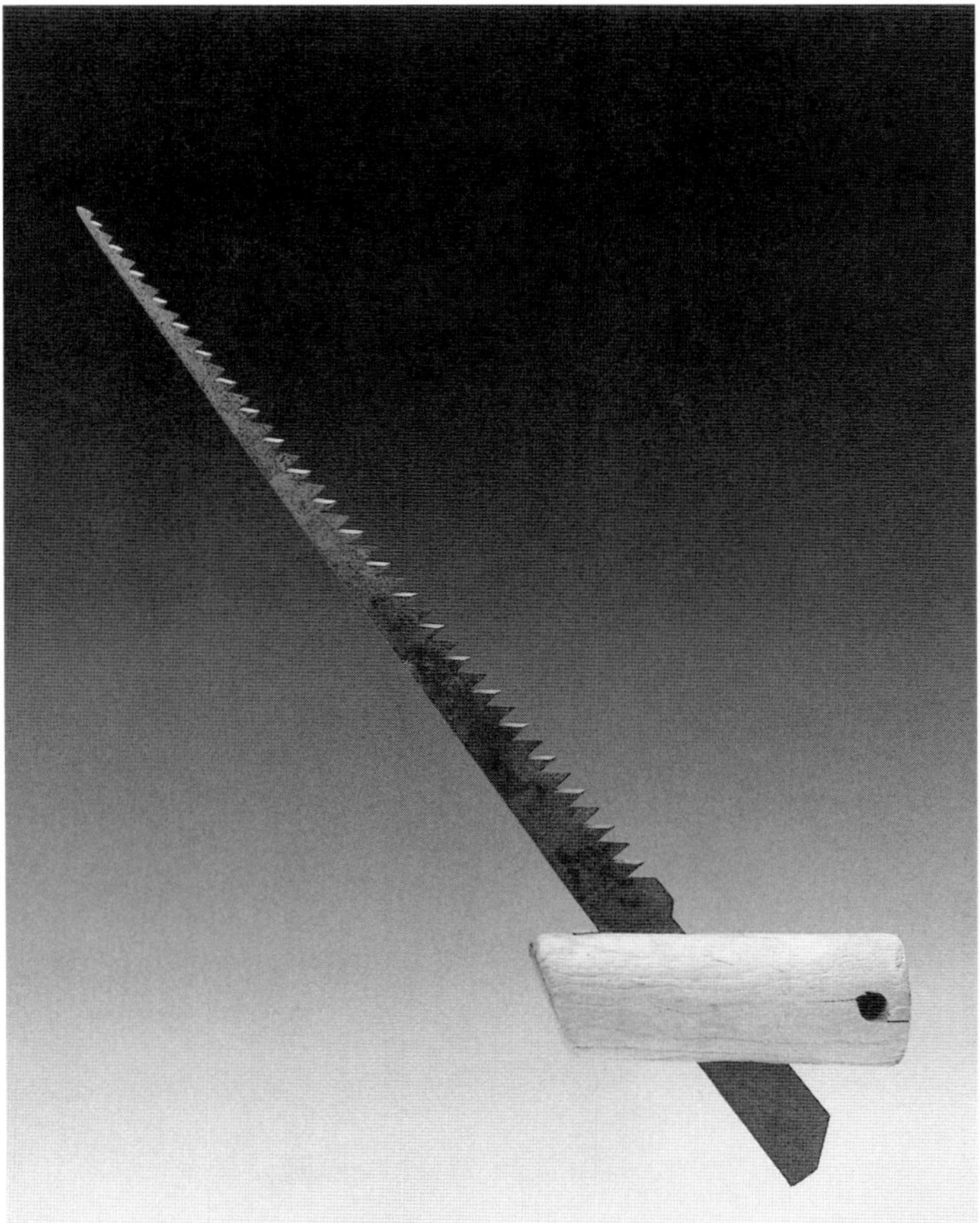

蕾

寺の荘厳具の残欠だろうか。彩色された木彫の蕾《つぼみ》。色褪せ汚れていにしえの色の坩堝《るつぼ》。蕾なら花弁にあたる下部は青色見本。暗部には藍色の彩度を下げた納戸色、納戸鼠、錆納戸。明るい所は藍の淡色、水縹《はなだ》に浅縹。そこここに青味がかった灰色が染み付く、青鈍《あおにび》、灰青、深川鼠。

上部に二重の花なら萼《がく》か。外側は金箔がわずかに残る茶の色見本。灰汁《あく》色、鈍色、媚茶《こびちゃ》、桑染色に利休白茶。内は緑、草色、千歳緑、海松藍《みるあい》。

絵巻物など描かれてある所より余白の汚れや水の染みた跡へ心が惹かれる性分だ。骨董市で目にした蕾、いにしえの絵巻一巻手にしたような興奮でいただいた。うつろう時が染めた、時の色帖にちがいない。

◀荘厳具残欠　長さ11cm

荊棘線

西洋骨董の店でロンドンで仕入れたという荊棘線《ばらせん》の束を懐かしくて買った。

昭和二十年代、街の子にとって原っぱは格好の遊び場だった。学校から帰ると、ランドセルを家に放り込むようにして原っぱに集まってくる。道路に面して荊棘線が幾重にも張られていたが、一ヶ所子どもがくぐれるほどに鉄線が上下へ押し拡げられている。背を屈め頭から体を入れると、鋭い鉄の棘《とげ》が獣の牙のようで一瞬息を止める。そのまま体を伸ばすように腰から足を引き抜くと、大きく息をする。濃い草や土の匂いが鼻をくすぐった。

昨今、地上げとやらで街に空地が目に付くが荊棘線を見ない。通行人を傷つける恐れがあるからという。代りに暢気な建設会社のスローガンやマークを描いたパネルが覆っている。鉄の棘より胡散くさいぶんだけ始末が悪いと思うのだが。

◀荊棘線　45-47cm

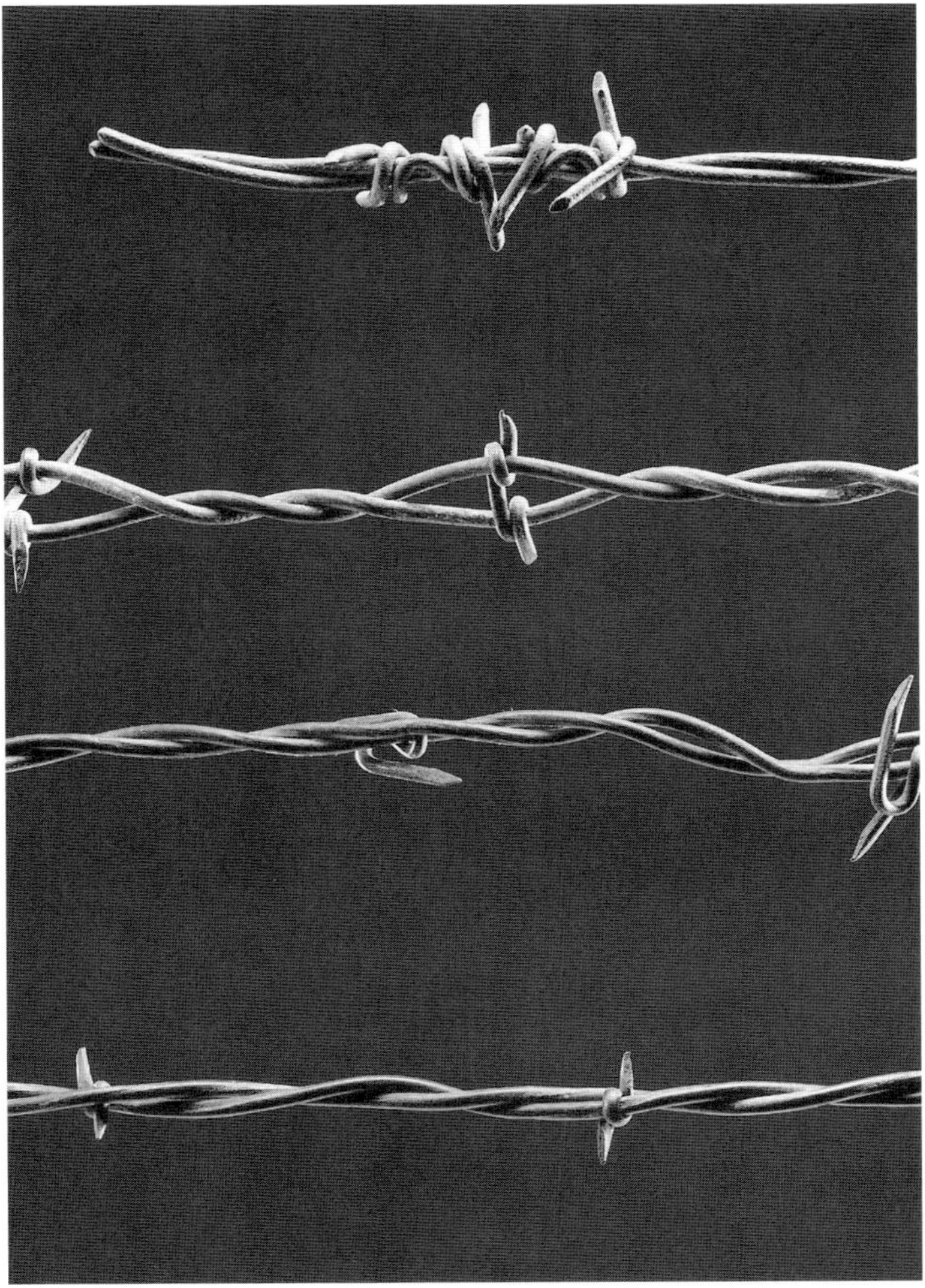

石突

手に取ってためつすがめつしていたら、「いしづきです」と脇から主の声。ざらついた感触へ似合わぬ石《いし》と月《つき》の字が浮かんで興がわいた。

藤四郎と見て取った主「槍の柄の地面に接する方へ付けた金具、石を突くと書いて石突です」、かんでふくめる言外に「あんたには無縁」の含み。

紐状の鉄を巻き上げ形成したものか、段のつぎ痕の凹凸が愛敬。開口部の下、釘穴は壁に掛けるにうってつけ。まずは武具への手向《たむけ》、さてどんな花をいけようか。

「こいつは楽しめそうだ」、言い値といっしょ主へさし出した。手にした石突、こんどは主が何やら訝《いぶか》しげに見いっていた。

◀石突　高さ７㎝　口径2.7㎝

杓

「火縄銃の玉を作る杓、鍋で溶かした鉛を掬って型へ流し込むのに使った。柄に木の握りが付く。以前はよく見かけたが出なくなった」。京都東寺の市で主人が独り言のように話していた。高温の鉛の液へ馴染んだ肌、一味ちがう鉄味に合点がいった。

柄の細まった先を内へ曲げると台へピタリ収まった。香といってもスティック状の沈香や白檀をくゆらせる太平楽には似合いの手香炉だ。

ある日、鉛ならぬ水を掬って驚いた。杓の内が何やら獣の肌のように色めき立った。水がレンズのようにはたらいて光の加減か荒い息でもするようでなまめかしい。銃からポルトガルへ連想が働いて、ギターラのうちふるえる音も聞えてくる。鉄は情の深い性格だと思う。黒い肌の女。

◀鉄製杓　長さ28cm

旗竿

古道具屋の店先でガラクタを集めた箱をあさっていたら白と黒に塗りわけた棒へ目が止まった。手に取ったはずみで内から棒がくり出した。携帯用の旗竿とは妙な物があるものだ。ポッテリとした塗装の古びや白黒の段々が温湿度計の目盛のようで小学校の百葉箱を思い出した。

三段目までは白と黒は等分に塗られているが、四段目は三対一で白の割合が多い。そのため三段目の先からグンと伸びていくような印象が生じる。騙し絵のようでおもしろい。旗竿が白と黒に塗られるのはどんな理由によるものか、五月人形の左右へ飾った吹流しの竿も白黒だった記憶がある。土用波の打ち寄せる渚ではためいていた遊泳禁止の赤旗。強風に竿が弓のようにしなっていた。ビューービューーという音が聞えてもくる。

旗竿を眺めていても日章旗の思い出は何も浮かんでこない。幸か不幸か、それは知らぬ。

◀旗竿　長さ33.7㎝

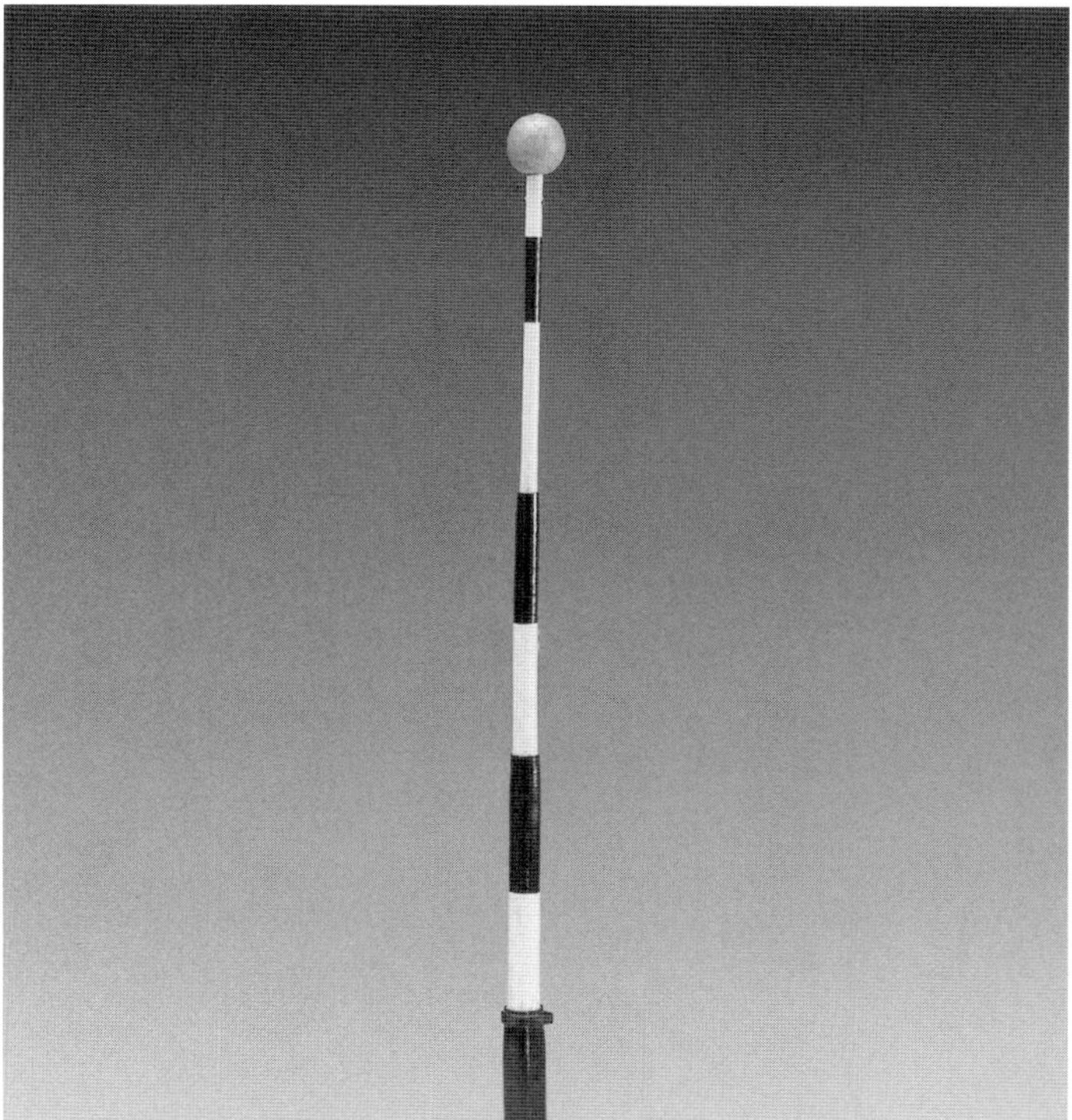

蝶貝細工の函

江ノ島のみやげ物屋のウインドーに蝶貝細工の小函を見つけたのは三十年も前、美術大学を中退し、アルバイト暮しの時代だった。金が入ると、映画を見、本を読み、飽きると、実家のあった湘南の海辺をあてもなく歩きまわっていた。当時、すでに貝細工のみやげなど人が見むきもしなくなって、ずいぶん年月がたっていたのだろう。函裏の紙片に記されていた値は消えていた。

売り物ですかとさし出すと、どこにあったと訝るふうにして、今時こんな物を買うのはどんな魂胆かと探るように、少し間をおいて二百円という。楽な値ではなかったが、安いという思いはあった。金が入るとみやげ物屋のショーケースや棚の隅に蝶貝の函をさがし集めた。手の内、光の角度で虹色が現われ消える貝の片々を飽かず見つめていた。色であって色でない、色それ自体を見ていたのだと思う。

◀蝶貝細工の函　3×5.5×3.8㎝

童子

骨董として人々に認められ市場性の定まった品々なら高い安いの目安もあるが、へその曲がった古物あさりの目が行く先は家人の言い草ではないが「売る方も売る方なら買う方も買う方」というような品。思いと値の折り合いは微妙だ。年に数度、平和島で開かれる市へかかさず通う。かれこれ十年になるか。おのずと気になる店も決まってくる。そんな店の一つ、ガラスケースで蓮華を手にした童子が目を引いた。聞いた値と折り合えず初回はパス。次の市でも、その次も同じ所に立っていた。おやおやの思いでやり過ごし値段も忘れた二年後、初めてのように聞く値へ折り合った。他で価値の知識を得ていたわけでない。出合うごと可愛さがつのった。二年も人に見初められない姿がいとおしくもなっていた。不動の脇侍《わきじ》、矜羯羅《こんがら》童子《どうじ》、用を伺い何でも命ぜられたことを行うと事典にある。思いを受け止め待っていてくれたのか。

◀童子　高さ4.5cm

天冠帯

仏像の髪飾りの一部、天冠帯《てんかんたい》という。長い紐で鉢巻きし両端を両耳の脇へ垂らす形。紐の先端は二枝に横に伸び葉と木の実か青と赤の玉を置く。

岩座に片足を垂らして坐る鎌倉の東慶寺水月観音の天冠帯が好きだ。しめやかな姿に不似合いの堂々の作。枝の先へは花一輪。少年の頃に出合い、以来観音の姿よりも左右へ伸びる二枝へ強く惹かれている。

京都東寺の弘法市、金属で棒状という以外は正体不明がどっさり入ってた箱から拾い出した天冠帯。江戸時代には大量生産され永年の間に壊れ失われた像の頭部へ競って取りつけたと聞いた。それが再び剝ぎ取られた。

ほどよい間を見定めて壁に掛けてある。目が行くと中程へ菩薩のお顔が浮かぶ。そのつど何のつもりか「済まぬ」の一言が口をつく。

◀天冠帯　長さ25㎝

錫の香合雛

「中国で買って来た、発掘物でして、錫製です、香合としてもおもしろいですよ」

店の主人の声はうわの空で聞いていた。店先に敷かれた薄縁の上、銅鏡や古い鍵、得体の知れない金属製品の残欠の陰に身を潜めるようにしている雛の姿にみとれていた。炎に炙《あぶ》られたのか、錫だとすれば何か強い薬物でも浴びてしまったものか。ケロイド状の表面は痛ましいのだけれど、ふっくらとした姿はかわいらしい。内にふくらんだいとおしいという不慣れな感情を主人にみすかされているようで、いい値の八千円を払うより先にポケットにそっとおさめていた。表面をサンドペーパーで磨いてあげよう、そう思って数ヶ月が過ぎた。

いざ磨こうとすると、痛ましいという思いとかわいらしいという思いの間からいとしさの思いがふくらんできて、ただうっとり見つめてしまうのだった。

◀錫製香合雛　長さ5.8㎝

仏頭

人と面と向かって話をする。まして相手の目を見てなど考えただけで寒気がする。映画で閲兵する上官を兵士が正視する。恋する男女が見交わす。そんな場面で目が逸れる。

仕事の打ち合わせでカウンターやL字形に席を取る。気乗りしない、遣り過ごすためではない、その場に着こうとすれば自ずとそうなるまでのこと。

正視とは他を見ていない証。しかし視覚とは本来あらわなものだ、目的をもって見るとは視覚への裏切りではないのか。穏やかな伏目の菩薩を見つめていると、また埒もない思いが浮かぶ。

室町はあると店の主人は勧めたが、時代にこだわる柄ではない。美しいと見たこちらの視覚に従ったまでのこと。なぜ美しく感じるのか、惹かれる心のうちわけを聞きとるには付き合ってみるしかない。

◀仏頭　高さ19.5㎝

旅の古物

古物の呼び声に誘われて

秋雨前線を突き抜け上昇するジェット機は、二度ほど身震いをして水平飛行に入った。まるで雨上がりの子犬のようだと目を開くと、機内に透明な秋の陽光が満ち、青空の真ん中にいる。「秋雨」なんて銘の茶碗が光悦か萩にでもなかったかと、古《こ》物《もの》あさりが柄にもないことへ思いをめぐらしていた。

羽田から一時間。富山空港から市内へ向から車窓にススキの白い光がはじけ、コスモスの淡い紅色の帯が流れる。

「大仏祭を明日に控えて、大仏さまのお身拭《みぬぐ》いが行われました」。カーラジオの声に、なつかしいものを聞く思い。小学校の校内放送の口調だ。「青銅のひび割れが目立つので今年から雑巾がけをすることにしました。大仏さまの膝に乗り、鼻の穴にぶら下がってお身拭いをすませました」

◀銅製油差し　高さ６㎝　底径5.2㎝

「お身拭いを、ぶら下がって、ねえ」。同行の編集者Kさんと同時に口にしていた。明るい気分がふくらんだ。これは大仏さまの鼻の残欠にでも出合えるかと、また大それたことを考えている。

九谷大聖寺手の華やかな碗や皿に迎えられて入った店は、豊川町の「藤城」。画家の書生や広告関係の仕事を経て父と同じ仕事に就いたという二代目は、見るからに好青年。地元や東京の市での業者間の売買いが主な商いとか。棚やケースの明治・大正の九谷色絵や赤絵金彩の器たちには、あっけらかんとした味わいが通底している。外出から戻った父親が店の奥から取り出しては見せてくれる手鏡の茶道具づくしの図柄や九谷色絵の船徳利の姿、二代に亘るゆたかな目の筋が見てとれた。

ケースの隅に、ほどよく緑青のついた青銅の線香立てが置かれている。道端の小さな堂の前に雨ざらしのまま永くあったものか、内側の灰が石化して、ずっしりと手に重い。口縁がわずかにひらいた造りで、見おろせば、しかと地についた姿だ。

売り物ですかと父親に聞くと、そんなものをという顔で「千円てとこかな」。自信なさそうな声で言う。新しい灰をふんわりと入れて、とっておきの沈香の一片を手向けなくてはいたたまれない。そんな思いで有難く頂戴した。

千石町の「松山」へは藤城の二代目の案内でうかがった。陶器、書画、木工と一

◀李朝白磁碗　高さ６cm　口径11.9cm

通りの品ぞろえ。屏風やガラスが特に好きだと話す手が茶をすすめてくれている。

屏風は集めては京・大阪の市へ出すのだという。東京の市は肌に合わない。富山に店を持っているのに買いも売りも四国という仲間もいる。そんな同業者の噂話を二代目にゆずった。こちらの目は、すでに四方のケースの物たちに舞っている。

目を止めたのが唐津茶碗。素地は粗い土で淡褐色。灰釉と土見のせめ際が山の稜線のように見える。手に取って眺めると口縁に小さな金のつくろいがある。それが灰釉の空にかかる月の端のようでおもしろい。茶の心得もなし、器はふだん使えるものと決めている身に、十七万円は縁のないものと思いつつも、離しがたくなっている。「それも写真、撮りますか」というKさんの声に、月見はおまえに似合いだと水晶細工の兎を添わせ、カメラの前で未練を切った。

空がこんなに大きなものだったかと、高岡市街の十字路に立って見上げていた。都会の空は、高層ビルのあいだに申し訳程度にはまっている感じだが。

たっぷりと秋の陽差しを受けて、道端のプランターには強い朱色のカンナやサルビアが最後の力をふりしぼって咲き競っている。今しがた、二番町の「樋詰」で出合った獅子頭の朱漆も、百年以上の時間をゆったりと吸った、深く強い朱色だった。濃い色は周囲にいくらでもあるが、強い色を見たのは久しぶりだった、ともう一度、

◀香炉　高さ10cm　底径12cm

大きな空を仰いだ。

「一品堂」は御旅屋《おたや》通りのアーケードの西の端から三軒目の角を左に入った大福院通りに面している。間口二間、奥に深い店内には、ふんだんに古物があふれている。

奥の小座敷、ステテコ姿の主人もすっかり古物にとけこんで、古物たちのお父さんという風情。目が合った物を奥の主人に持っていくと、おお、おまえはまだいたのかと、ためつすがめつ眺めてから、「これは明治の蒔絵でして……」と、こんなことはどうでもいいがという口ぶりで言う。値を問うと、こちらの懐具合と惚れ加減を見抜いていて、どれもピタリと決まった金額が返ってくる。客に得も損も感じさせない、絶妙の値つけなのだ。

行燈の油差し、明治五年刊行の木版活字の厚い字引き、と次々にくるんでもらっていた。それでもひとつだけ折り合いのつかなかった物が、銀の徳利。大正物の、ゆったりした、ほほえましい姿。細部までのていねいな造りに一目惚れ。対で五万。一本では売りたくないと譲らない。対や揃いは苦手のこちらも、しかし引き下がれない。

近くの路地で撮影をすませて店に戻ると、常連らしい男が主人と話しこんでいる。

◀千鳥小皿　長径８㎝

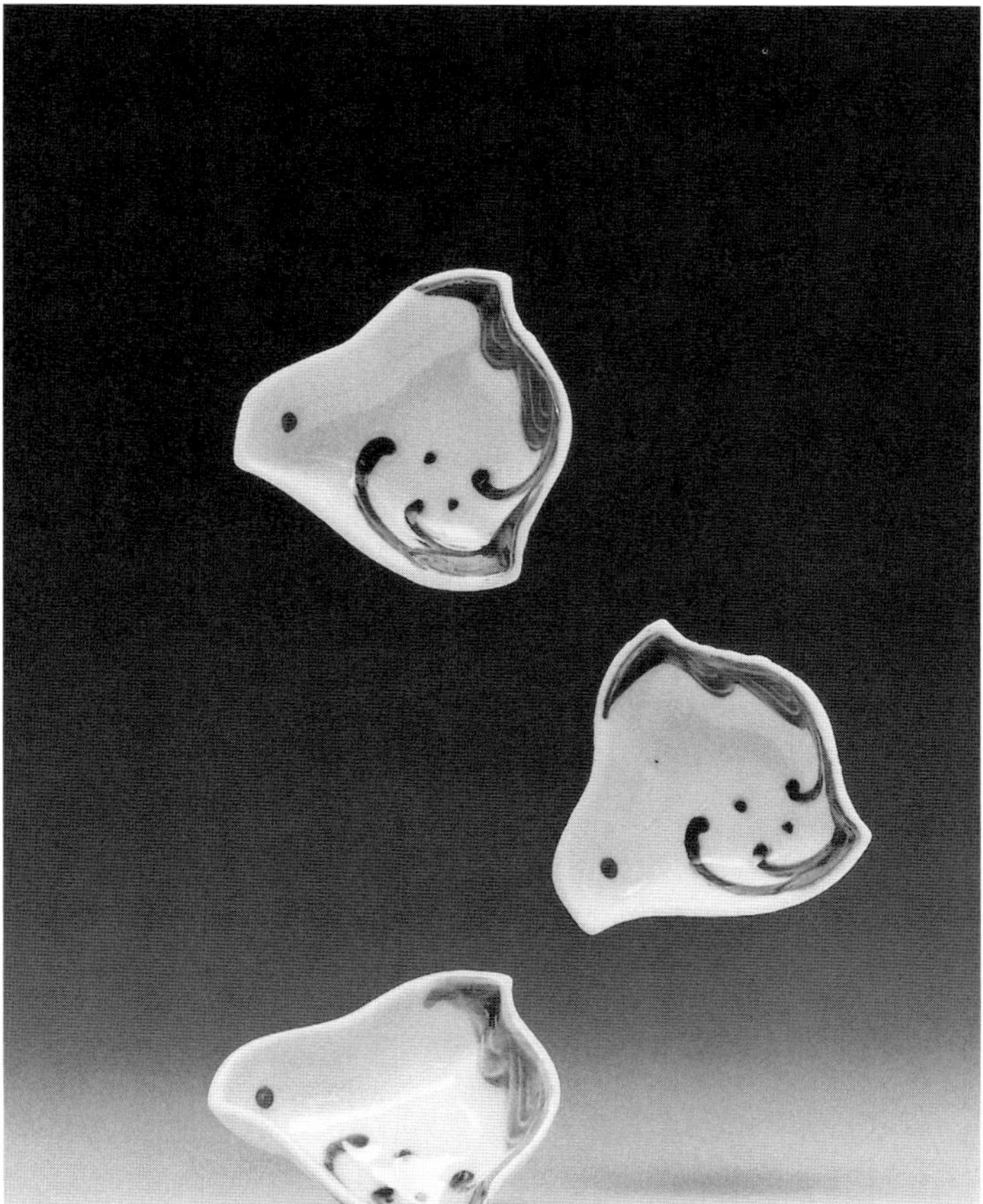

もう一度、何とか一本、とすがってみる。両手に一本ずつ持った徳利をいとおしそうに眺めたまま、主人は首を横に振る。と、横手から常連が、「おやじ、一本は俺がもらう、それならいいだろ」と口をはさんだ。それで決まりだった。

夕刻、高岡から金沢へ。ホテルの部屋に入るなり、バスルームの小さなチューブ入り歯みがきで銀の曇りを拭った。二年前、仕事で世話になった小立野の「千取寿し」に持参して、キンキンの冷酒を満たしてもらおう。

万十貝《マンジユウガイ》に鰭《ナメラバチメ》、判子鰈《バンコカレイ》と目出たい再会。旨い旨いと待つうちに、奥方の手で洗いあげられた銀徳利が登場した。小さな水滴のガウンをまとった、あでやかなマドンナのように。

何度、杯を重ねたのだろう。ほろ酔い加減でふと徳利を眺めると、表面についた小さな水滴が集まってひとつにふくらみ、すっとつたい落ちていく。双子の片われを失ったマドンナの、あれは哀しみの涙だったか。翌朝、ホテルの窓から見おろす金沢の町は、白い霧に包まれていた。

「あれは二十年ほど前となりますか……」。ちょこんと正座した膝の上、小さな手帖を繰って話の端々をきっちり区切らねばすまないたちと見える。新竪町《しんたてまち》通り「古美術御倉《みくら》」の主人がこの道に入ったのはオイルショックの年。それ以前はスナックの主《あるじ》だった。スナックにと借り受けた古い蔵の二階にあった古物たちを引き取ったのがきっかけという。昔造りの蔵は壁が厚い。削って棚を造り、貧乏徳利や皿を飾った。そんな物を、客がポツリ、ポツリと買っていく。あらかた物がなくなると、市に行って仕入れてきては、並べて売るようになっていた。次第におもしろくなっていく。「昭和四十八年でした」。手帖に目をやってから、「人件費のかさむ商いがいやになりまして、この道一本ということに」。人なつっこい目が、少し照れくさそうに古物たちに向かった。

李朝の民画が好きで、十年前から年に四度、韓国へ買い付けに行くという。並んだ物たちはどれも楽しげで優しい顔だ。鶏竜山の煎茶茶碗の土見の形がトンボにトウモロコシの図柄の印判茶碗と並んでおさまる。高麗青銅のサジの曲線や輪島蒔絵の小皿の霊芝《れいし》の紋様に、主人のやわらかな目差しが染み通っている。時代も国も用向きも異なった古物たちが、一時解放され、この店の棚で休んでいる。おだやかな寝息をそこここに洩らして。

李朝白磁の猪口と小鉢を求めて店を出ると、外には秋雨が、音もなく降りはじめていた。

尾山町の「明治亭」には、やはり二年前に地元の方に案内され、輪島の盃台を買っていた。たしか女主人の店だったと思ったのもつかのま、堂々たる体軀の大男が迎えてくれた。

「手ばなす気のないものがいろいろある。自宅に来てみないか」との彼の誘いに、挨拶もそこそこに、夫人の運転する車の人となる。

「十五年ほど前、代々手がけてきた鋳物工場をたたんで骨董を扱うようになりまして。この間に目ぼしい物も含めてあれやこれや、買いとった物が未整理のまま、百五十坪と八十坪の鋳物工場の建物にいっぱいになってしまって」。夫人の話が終わらぬうちに、広大な敷地のお宅に着いた。どうぞの声に従って大倉庫の小さな入口をくぐる。高い天窓から差し込む薄明かりのもと、体育館並みの空間に、種々の古物たちが手に届くか届かぬかの高さに積み上げられている。山の間をぬうように、細い道が作られているのは、通いの老人が少しずつ整理を始めてくれているためとか。

猪口だけが詰め込まれた行李の山がある。壁には柱時計が数えられないほど掛けてある。大小さまざまの竹籠がロープに吊るされている。古物の雛たちの呼ぶ声にふと立ちすくむ思いだ。ひとつひとつ取り出して見つめたい。手にしたい。

若杉焼の徳利や越前のおはぐろ壺。染付の輪花皿に香炉、青九谷や赤九谷の皿や鉢……。自宅で次々と見せてくれた物はみな絶品で、溜息だけがこちらの仕事だった。

帰りしな、もう一度とくぐった倉庫の入口際、小皿であふれる行李の中、千鳥のかたちの皿に目が吸い寄せられた。

しゃがみ込んで手に取り、土埃を拭う。ぬくもりのある白磁の軀。目が涙をためているようにも見えるのは金色の濁りのせいか。上下に張った翼と尾羽根の線が作る内側に藍色の波が絵付けされている。波頭が三筋、器の底、千鳥の躰へ向かってグンと伸びる。その先に二個、小さな水玉。愛らしさに見惚れていると、背後から「お持ちなさいな」と、こともなげな夫人の声がする。大切にするから。

余白へ

一目惚れだった。金沢の「古美術御倉」で偶然めぐり合った赤い小皿。

九谷の赤絵はこれまでにも骨董屋の棚で幾度か見かけたが手にしたことはない。器物を埋めつくす紋様や絵柄の中国趣味が鼻についた。美術館で赤絵細描の鉢や徳利の技へ溜息こそもれたが心は少しも動かなかった。それが写真の小皿にころりいかれた。

まず目を引いたのは赤と白。二色で描かれた抽象絵画を見ている心地だった。二色が綾なす図柄へ目がもどったのは後のこと。

内側面は複雑に枠取られ小紋柄で埋めてある。小紋の内へ取りこまれた素地の白が柄によって異なっている。格子の内は淡い紅色に染まって見える。点描の所ではわずかに青味さす。それに枠取りの外を塗りこめた赤濃《だみ》の濃淡も見え隠れする白の変化だ。

様々に操られた白は堰を切って溢れ出た清冽な水のように見込み内で一気に解き放たれる。中央に描かれた唐獅子は溢れる白といっしょに飛びはねているようだ。画工は素地の白味を純粋に際立たせるために描いた、そんな思いで見惚れていた。

「幕末の本吉《もとよし》(現在の美川町)の画工、孫次の作です。母親の再婚先であった航海業兼呉服商の古酒屋へ嗣子に迎えられる。伊万里の産で陶画を修業していた。本吉に来てからは上絵付けを業にしたようです。伊万里や瀬戸から白磁を取り寄せて描く赤絵の十六羅漢や七賢人など人物画に定評があった。九谷の赤絵細描を大成させた宮本窯の飯田屋八郎右衛門は一説によると孫次に師事したといわれています。明治の九谷庄三は孫次の門から出た人です……」

御倉の主人の話を耳に手は皿の内をなぞっていた。絵柄から素地へ微妙な凹凸感が伝わってくる。釉薬のガラス質でおおわれた素地の白さを土っぽい絵の具(酸化第二鉄)の質感が切ないほどに湧き立てている。わずかにほどこされた金彩は素地へすがりつくかさぶたのような赤色へ画工のささげた供物か。傷だらけの白い肌をなでさすっているようないとおしさが指先にあった。

細描の筆致や濃筆《だみ》の動きに豪放さとは異なる何やら性急な息づかいが見える。時

◀九谷赤絵皿　径9.7cm

代の好みで求められる色や図柄はおのずと決まっていた。描くことに飽いてしまう心を鼓舞するように画工は余白へ溢れる白をめざし筆を急がせたのではなかったか。

孫次は上絵付けの外に鉄工をはじめ種々の技工に秀でていた。「南寿平太丸《なすのへたまる》」と号した義父に対して「南寿寸衛成《なすのすえなり》」と称え狂歌を好んだともいわれる。豊かな古酒屋の財力を背に文人達との交流も濃くあったと聞いた。

安政六年、本吉に没した孫次。齢五十六。九年の後に江戸は明治へとうつり変わる。時代の終わりを生き急いだ孫次。孫次を知りたい。彼の余白をつぶさに見たい。旅先であてのない思いに途方にくれた。

北の夢

桜の花枝をくぐるようにして初めて松川の二十五菩薩を拝見したのは四月の下旬。菩薩像はすべて頭部を欠いた胴体や足部だけだが、その存在感にむんずと心を摑まれた。平安後期の藤原様式で来迎の聖衆像として貴重な作例と役場でいただいた冊子にある。

旅から帰った数日後、「緑青」の編集者が仕事場に表紙の打ち合わせで寄った。話も済んだ別れしな、「何か良い物はないか」そんな誘いに松川の冊子を取り出した。翌日「創刊号の特集にしたい」と電話が入って、すべての段取りが整ったのは二ヶ月後。編集者と東北新幹線で一関へ。

梅雨雲が千切れ西へ流れていく。バスは一関の市街を出て登りにかかる。数日来の雨が今朝上がったと、山間の停留所から乗りこんだ老婆と運転手の挨拶で知れた。

車窓の草木はたっぷりと水を含んで撓んでいる。バスも湿った外気を押すようにして幾つかの丘を越えた。谷間の斜面を崩れるように紫陽花が咲いている。まるで早来迎の雲のようだと振り返る。

急勾配のトンネルを抜け下ると、砂鉄川沿いに細長く開けた東山町、松川の集落。公民館の脇手、かつての二十五菩薩堂を模した収蔵庫に菩薩像は収められている。現地で落ち合った写真家の藤森さんは美術工芸を専門として二十年。毘沙門様を思わせる偉丈夫。二人の助手は脇の童子か、みごとな捌《さば》きで収蔵庫の内、撮影が始まった。

きちんと両膝を揃えて正座した菩薩の足部、腰から膝頭へ木目が流れている。薄い裳の襞は木目自体が持っていたうねりを掬い上げたと思えるほどに自然な形。砂丘へ風が描いた風紋のように軽やかだ。膝頭の少し上、腰布の縁を連珠文という、小さな円を連ねた飾りが刻まれている。襞の形に対してそれはまさに人が刻み込んだ形だ。しかしよく見ると連珠は木目と木目の間に刻まれていて、木目を切ることは避けている。木材は桂、北の地の産と聞く。連珠文は北の材に対する恭敬と、来迎の菩薩を希求する北の念者の情念への哀切。その迫間に仏師の刃先から零れた涙の連なりと思われた。

◀二十五菩薩堂所蔵　菩薩十五号像　高さ32cm／菩薩十六号像　膝張41cm

二体の正座する足部は阿弥陀をはじめ聖衆の先頭に進んで来迎する観音と勢至のものか。膝が左右へわずかにほどけているのは膝頭の上に観音が捧げ持つ蓮台の甘い香のためか。膝へ少し力を込めてつぼめたのは、心に合掌する勢至のものではなかろうか。それにしても春信が描く女人のような愛らしさだ。

舞うような立像の腰から下の像がある。片足を少し踏み上げ腰を捻って立つ。腰から流れるような裳襞が左右へわずかに開いた足首の間で風を孕んで波立ち脹らむ。軸足の側面を風が裳を強く靡《なび》かせて吹き抜ける。山の急斜面を駆け降りる来迎を描いた知恩院の早来迎図、雲上の聖衆達の裳も強風にはためいていたな。京にも稀な来迎の像を垂涎《すいぜん》した北の念者の情念は、藤原の仏師の手を介して菩薩の足元へ鎌倉の風を呼び寄せてしまったのではあるまいか。

収蔵庫を出て縁先に立つと木下闇に十薬の花が無数に天を睨んで咲いている。白い花弁状の中心に立つ黄色の花穂はまるで雲に座した菩薩のようだと見いっていた。収蔵庫の背後、谷から一吹き風が通るとそれは一斉に浮き上がり、そのまま舞い上がるかにみえた。谷を鶯の太い声が渡った。

早来迎に描かれた阿弥陀の頭上右手奥、小さく遠く描かれている浄土。平泉の金色堂は浄土を形にしたとも聞く。北の念者の情念は来迎する仏や菩薩達をも具現化せねばならないほどに濃くあったのだろう。

軒先へすっと伸びた桜の枝に花の名残か実が一つ下がっている。指先でつまむようにして引くと果液が糸になって地面へ落ちる。指先が暗い血の色に染まった。

どれほど完全無欠の物であっても、それ自体では在ると言えないのではないか。物を見る人がいて、心が動いて言葉が生まれ、またはその物を語る既存の言葉が奪われて、初めて物は物として在ると言えまいか。「頭さえ残っていてくれたら国宝物なのに」、幾度となく役場の人達の口に出た言葉が切なかった。現在とは過去と未来に引き裂かれた永遠の傷口だ、ふとそんな言葉が切なさの先へ浮いた。人は傷口の痛みから心を逸らせ、過去や未来へ逃げ込んで現在を遣り過ごす。しかし、生きるということは傷口を生きることなのだ。取り止めのない思いを背後でギィッという音が蹴散らかす。振り返ると扉が開いて毘沙門様がぬっと顔を出し「カラー撮影は終えた」、まるで人を殺してきたような顔で言う。童子たちの顔を西日が淡く染めている。収蔵庫の脇、土地の人がすずと呼ぶ湧水が太い流れになって近くの暗渠へ落下する。その水音があたりを包みこんでいた。

◀二十五菩薩堂所蔵　菩薩四号像　高さ32㎝

こもののいいわけ

幼い頃からの物好きだ。海水浴より浜に打ち上げられた貝殻や流木、波で丸くなったガラスに干からびた海草。拾い集めて飽きることがなかった。少し目を離しているととんでもない所を歩いている、それでも何やら好きと嫌いがあって帰りしなには残した一つ二つを握って帰る。これは昔母から聞いた話。

鉄道のレールへ釘を置き通過する列車の車輪でペチャンコにする。銛《もり》や手裏剣に作るはずを形に見惚れ幾つもためこんだ。メンコも遊ぶより集めることに夢中だった。とりわけ直径二センチほどの小型。指にはさんで飛ばしたものか、絵がらも忘れてしまったが黄ボールの縁のぐるりへ滲みた臘の質感はくっきりと覚えている。

そんな何もかもを木箱におさめ庭の木陰へ穴を掘り埋め、所在を記した地図を描いて持ち歩いた。宝の函の記憶は失せてしまったが物たちの色や形の気配は心に埋

◀斧とヒオウギの種　高さ14cm

まったままにある。

昆虫や植物の採集に野原を走りまわりもしたが生態への興味ではなかった。標本箱へピンで止めた虫の姿に見惚れてのこと。押し乾かして台紙へ付けた草花の色や匂いに惹かれていた。

こんな性分へ火を付けたものが何であったか覚えはないが、十代の終わり頃から雑貨屋や金物屋へ心惹かれるようになる。棚の最上段や床下から売れ残った一時代前の商品を見つけ出しては買い込んだ。米俵を編む嘴みたいな金具やモグラ取り、いずれも薄く錆が浮いている物たちだった。様々な色や形のアルミのコップ。磁器に陶器、木や竹と素材の異なる卸金を集めたこともある。親しくなった店の倉庫で大正の氷水の皿をダースで見つけた。山村の雑貨屋から幼児の下駄の鼻緒をダンボール一箱背負って帰ったこともある。

いずれも物の姿に惹かれてのこと、自室の棚へ並べては満足していたと思う。

家庭を結んで以来、生活の道具のあらかたに古物を使ってきた。ガラスの醤油差しは最初どこで手にしたか覚えはないが使い勝手も良く同じ手に出合えば買って、以来三十年現在三代目を使っている。

ささやかな道具であればなおのこと、それが大切にされる時代に完成してしまう

◀鋤とセントポーリア　長さ14.5cm

ものらしい。素材も手厚く持て成す作り手と使い手のいる時代に成熟する。

気に入る物がなければ今物でまにあわせることが出来ない。納得のいく珈琲カップに出合うまでは蕎麦猪口で済ませていた。良い物に出合えても値段で納得出来ぬこともある。たかがカップにその価はないと踏ん切りはつける。しかし、金の有無に拘わりなく古物の価と心の折り合いは不思議なものだ。

道具が商品として作られる以上、時代への媚が物にまといつく。それがじゃまで古物になる。古物にも作られた時代への媚が色や紋様としてはりついてはいるが現在へはそっぽを向いている。古い食器の図柄は記号として無意味だからいい。それに木製品や磁器ですら五十年、百年と経た物は妙なつやが消え色も肌も素材の本来に返っていて目や手に優しい。よけいなおしゃべりをせず物として付き合ってくれる。

浜辺から雑貨屋、古道具商に骨董、古美術店と物好きの猟場は拡がったけれど神社の境内や様々な会場で開かれる骨董市が性にあう。骨董、古美術として評価が定まっている類いや流行の物は避けて通るひねくれ者だ。

価値がわからぬではないが、なぞってみても先達たちの物語や手の出しようもない一碗一像へからめとられるまでのことだ。玄人には屑でしかない古物でも引かれ

◀仏器と香　径10cm

た目をたよりに感応した己の心を掘ると決めている。時代や技法の知識は物と付き合う一助ではあってもすべてではない。己を掘り、物へ晒し、物が開示してくれる未知へ心を澄ます。己を飾るためにではなく、己をみつける古物付き合い、我儘にそうていくしかない。

◀鈴とボケ　長さ６㎝

あとがき

あらかたの物達が空へ浮かんでいるのは、物を余計な印象をまといつけずに見つめたい、見てもらえたらというこちらの我儘。「太陽」連載からすべての古物を手間のかかる工夫で一つ一つ物にしていただいた平凡社写真部の坂本真典さん。連載の機会を作ってくださった編集の及川道比古さん、本に編んでいただいた久田肇さん。みんなに深く感謝します。

一九九三年　夏　　菊地信義

◀白岩焼壺と椿　高さ10cm　径10cm

平凡社ライブラリー版　あとがき

骨董市がよいもかれこれ三十年になる。近年、玄人には屑でしかない古物を大事に扱う店がどの市にも増え、わがままな古物好きには願ってもない仕合わせ。市がよいに拍車がかかる。それにしても、よくあきずにと問われれば、装幀を生業にする身、目玉の訓練でと煙にまいてきた。が、拍車のかかるぶん、生身の古物好きの性が、とどのつまり古なのか、物なのか、好きなのか、けりを付けろとせまってくる。どうやら物ではあるのだが、言葉にすれば身も蓋もない。言葉のいらぬ（身を捨てる）滅茶苦茶な物と出合いたい、憧れと恐れがあやどる市がよい。終止符も物にあずけた意気地なし、行ってみるしかないのだ。

二〇一四年　春　　菊地信義

解説　言葉の成仏、物への功徳――菊地信義の古物《こもの》愛好

松原知生

いまではあまり用いられなくなったが、かつて「新感覚派骨董」という言葉があった。洋の東西や時代の新旧や価格の高低にこだわらず、店主が自らの感性で取り上げた多様なオブジェ――雑貨やジャンクに類するものも多い――を、打ち放しコンクリート壁のギャラリーや古いマンションのシャビーな室内に点々と配することで、周囲に静謐な雰囲気を醸し出す。その先駆的存在である坂田和實（「古道具坂田」店主）は、「硝子戸の内側にあるから商品で、お金を払った後、外で見ると粗大ゴミ！」と豪語し、大嶌文彦（「魯山」店主）は、「自分は空気を売っている」と言い切る。一九九〇年代後半に多く誕生した同種の店は、『遊樂』二〇〇一年七月号において「骨董新感覚派」と称され、平松洋子や木村衣有子らの著作でも紹介された。さらに二〇〇六年、松濤美術館で開催された「骨董誕生」展に坂田の見出した品々が展示されるにおよび、この傾向は広く市民権を得ることになる。「新感覚派」という語が使用されなくなったという事実自体、同様の価値観が骨董界に定着したことを物語っている。

これと並行して、古物に対する新しい感性を自らの言葉で語ろうとする骨董商も現れた。坂田による『ひとりよがりのものさし』(二〇〇三年)や、新感覚派骨董のもうひとりの雄・勝見充男(「自在屋」店主)による一連の著作、とりわけ『骨董屋の非賣品』(二〇〇四年)や『そう、これも骨董なのです。』(二〇〇八年)は、代表的なものである。また故・斎藤靖彦(元「一二三美術店」店主)による遺著『古道具に花』(二〇一〇年)も忘れがたい。他方、愛好家による著作としては、坂田に感化を受けたグラフィックデザイナー・山口信博による『白の消息』(二〇〇六年)が挙げられる。

ややブックガイド風に骨董の新潮流について振り返ってみたのは、菊地信義が「新感覚派」的傾向を早い時期から先取りし、独り静かに体現していたからである。

装幀表現の新しい可能性を切り拓き、一万数千冊にのぼる書物を生み出してきた菊地は、独自の美意識と選択眼を具えた古物愛好家としても知られている。長きにわたる物づきあいの経験について、彼は単なる手すさびや余技とはいいがたい陰影に富んだ文章を折々綴り、『太陽』や『古美術緑青』などに発表してきた(現在も『目の眼』において「市がよい」を連載中)。それらをまとめたのが、いずれも平凡社から刊行された『わがまま骨董』(一九九三年)および『ひんなり骨董』(二〇〇二年)という二冊の書物である。ともに彼の自装になり、装画や扉に蔵品を、見返しに型染めの型紙をあしらった共通の装幀は、一個の物として特異な存在感を放っている(ちなみに、これらに先立つ一九八六年の著作『装幀＝菊地信義』にも、仏像の残欠をはじめとする古物の写真が多数配され、そのレイアウトには「新感覚派」的な感性がすでに認められる)。

本書『わがまま骨董』には、仏像や陶磁器といった比較的オーソドックスなジャンルから、香炉や燭台、蝶貝細工や仁丹ケース、果ては鋸や荊棘線《ばらせん》に至るまで、およそ通常の「骨董」の枠組に収まり切らない多様なオブジェの数々が、さながらおもちゃ箱のようにひしめきあっている。多くは骨董市で見出されたものであり、若い頃から金物屋や雑貨屋、骨董商や古美術店を遍歴してきた菊地にとって、骨董市こそ最も「性にあう」「物好きの猟場」であるという。

蒐集家が自らの蔵品をいかに名指すかを知れば、その人の物に対する態度がかなりの程度まで理解できる。小林秀雄は「何とも知れぬ臭気」を発する「骨董」という曖昧かつ魔的な語に固執し、逆に川端康成は骨董など「老人の古臭い道楽」にすぎぬと一蹴して「古美術」の語を意識的に用いた。対して菊地は、自分の愛する品々は「骨董」でも「古美術」でもないと繰り返し述べ、自分はこれらをあえて避ける「ひねくれ者」、「へその曲がった」「へんちき」だと書く。それは、骨董や古美術の名で呼ばれる品々が、すでに確固たる評価と市場価値を有しており、さらに悪いことには、伝世されるなかで他人が紡いできた賛辞や美辞麗句に厚く覆われているからである。彼にとって、言葉にまみれた物を愛好するとは、物自体を見るのではなく「物語」を聞いているにすぎない。

そうかといって、単に物を意固地に凝視して「物語」から頑なに耳を背けることが問題なのでもない。骨董市を逍遥して気に入りの品を物色する菊地の足どりは軽やかだ。市めぐりでのまなざしの動きを、彼は次のように記述している。

なめるように見るわけではない。むしろ、流し見る案配だ。台や棚へ所狭しと並ぶあらかたは、骨董、古美術として雑誌や本に繰り返し紹介されるたぐい。流行や売れ筋の品々。まずは、そうした物がまとまりとして見えるように場数を踏む。すると、ある時、それらが背景へ遠ざかり、見たい物、見えなかった物がポンと前に出てくる、とはいえる。

(『ひんなり骨董』一三二頁)

本書の図版写真に採用されている、物が虚空に浮かんだかのような「我儘」な撮影方法が、物の意味や用途を宙吊りにすることで「物語」の重力の呪縛を解くための工夫であることはいうまでもないが、同時にそれは、因習的な骨董群の「まとまり」から自分の眼に適ったオブジェだけを抜き取り、価値の真空域に向けて「ポンと前に出」すための視覚的修辞をなしてもいる。

かくして見出された品々を菊地は「古物」と呼び、あえて「こもの」というルビを振る。これは彼にとっての古物が、大仰で物々しい骨董や古美術ではなく、慈しむべきささやかな「小物」だからであり、また自分自身「骨董、古美術に生活をかける勇気のない小者」という自意識があるからである。そんな彼の古物愛好は、既成の「骨董」や「古美術」の枠組からはみ出した「おあまり」や「おまけ」や「みそっかす」、あるいは「余白」に位置する「際物」を骨董市でたずね歩くというかたちをとる。その営みの起源は、海に行っても泳がずに浜辺でガラスや陶器のかけらを拾い集めることに熱中したという、幼年期の汀遊びの記憶に求められる。また少年時代、いじめる側にもいじめられる側にもなじめず、「自他ともに存在感が希薄」で、「関係の迫間《はざま》に立竦んでいた」と回想する菊地は、長じてのちも、生活の場を堀の際から街の際、そして海の際へと変えながら、常に「際から際を生きてきた」と述懐する。彼の「際心」は単に趣味の領域にとどまるものではなく、自らの存在様態の核心をなしてもいるのである。

「際物」に目がない菊地自身がいわば〈際者〉であり、「余白」を生きる「はぐれもの」的存在であるとすれば、彼が古物に自己を積極的に重ねあわせようとするのは自然の成行である。菊地にとって古物愛好とは、自分を探求するための旅のごときものであり、そのなかで古物は「己を映す鏡、己を読む本」と化す。彼の自我が最も明白に投影されるのは、本書の末尾、「あとがき」の後に登場する白岩焼に対してである。青白い釉が褐色の土肌を途中まで覆いつつ、唐突に途切れて止まっている様子に目を留めた彼は、そこに「内から溢れ出る感情がほとばしる刹那、それを制する力が同じ内ではたらく、そんな己の性《さが》」を見出している（『ひんなり骨董』一一六―一一七頁）。

とはいえ菊地にあって、自己と古物、主体と客体がこのように直接的に同一視されるのはむしろ例外であり、自己探求は多くの場合、古物をめぐって言葉を紡ぐうちに自身の幼年期の記憶に遡行していくという形式をとる。回想を起動させるのは、千鳥や兎など形象的なモティーフの場合もあるが、大半は古物のマティエールがもつ質感である。戦前のショット・グラスが帯びるほのかな黄色と「日向《ひなた》の匂い」から、飛行機の風防ガラス（匂いガラス）の破片を机や床に擦りつけて甘い香りを嗅いで遊んだ小学生の日々が想起される。青銅器に吹いた緑青の色合に、地衣類を採集した少年時代の「淡い官能」の面影が重ねあわされる。ガラス製の銀簾《ぎんす》にコップを置くときのカシャリという音から死んだ祖母の声が蘇ってくる、といった具合に。さらには琺瑯やセルロイドなど、ノスタルジーとメランコリーを湛えた素材も偏愛の対象となる。

このように、物が語る言葉に耳を傾けつつ「自前の物語を編む」菊地の古物愛好は、自身も述べるように、本質的に「ひとり遊び」であり、『わがまま骨董』という書名の由来もこのあたりにある。とはいえ、その慎ましく孤独な営為が、古備前の徳利に唐津の盃といった類のステレオタイプに支配され、「カラツハイマー」を自称して憚らぬ中年男たちの酒と脂の匂いでむせ返る骨董界に、小さな窓をうがって清澄な空気を吹きこんだことは、ひとつの事件として特筆されてよいだろう。

ところで、古物愛好と同様、菊地が生業とする装幀もまた、書物の内と外、作者と読者、視覚と触覚の「際」あるいは「余白」にかかわる両義的でパレルゴン的な営為である（詩人にして骨董者の青柳瑞穂にとって翻訳がそのようなものであったように）。また、それが単なる表現や生計の手段ではなく、自らの理想的な生き様をなしている点でも、古物の場合と共通する。彼は実際、「ありうべき装幀のように自らを生きたいのだ」と記している。そもそも菊地が装幀家を志したのは、銅版画家・駒井哲郎が手がけたブランショ『文学空間』邦訳（一九六二年）の装幀に魅了されてのことであったが、青柳瑞穂および安東次男という骨董数奇な二人の詩人と駒井が共同制作を行なうほど親しい間柄であったという事実には、何か因縁めいたものが感じられる。それゆえここで、彼にとっての装幀と古物愛好の間にありうる有機的なつながりについて少しく考えてみることは、決して無駄ではないだろう。

菊地による装幀には、古物が図像レベルでデザイン化されているものが少なからずある。本書で紹介された蔵品でいえば、仏像の腕の残欠は丹羽文雄『ひと我を非情の作家と呼ぶ』（一九八四年）に、九谷の赤絵皿は松本健一『開国のかたち』（一九九四年）に、それぞれ用いられている。前者について彼は、自分の腕が引き切られたようにも、こちらが腕を傷めつけた側であるようにも感じられるというアンビヴァレンスについて触れているが、装幀においては、寺の子として生まれた著者を苛んだ運命の「非情」と同時に、それをあえて小説の主題とする著者自身の「非情」をも示す両義的な隠喩としての役割を担っている。他方、後者の九谷小皿を見る菊地の眼は、「堰を切って溢れ出た清冽な水のよう」な見込の白へと惹きつけられているが、装幀では、カバーの表面に装飾文様によって枠取られた見込全体が、裏面にはその枠をトリミングした中央部分の「余白」だけが提示されている。このような表裏の差異を通じて、幕末という「時代の終わり」を生きた陶工の「余白」が解き放たれ、「開国のかたち」が演出される仕組となっている。

他方、テクストの内容を象徴する視覚的な比喩形象として古物を直接活用するのではなく、そのマティエールがもつ触覚的な質感を素材レベルで模倣した装幀も存在する。『新・装幀談義』（二〇〇八年）で紹介されている作例のなかでは、たとえば『梅原猛「神と仏」対論集』（二〇〇六年―）は、荒い梨地のようなエンボス紙にタイトル文字を金箔で押すことにより、「古い仏像の金箔がはげ落ち、劣化した表情」が醸し出されている。また、奥坂まやの句集『縄文』（二〇〇五年）では、縄文土器の表面の凹凸を模したようなエンボス紙に、タイトルを茶のグラデーションで印刷し、その上に透明箔を押すことで、読者の眼と手を「くぼみ」としての縄文に惹きつけることが意図されている。

装幀がもつ触覚的な「風合い」に菊地がきわめて鋭敏なのは、彼の理想とする装幀デザインが、「視覚的な要素で人の目を囲い込み、触覚的な要素で人の心を解き放つ」ものだからである。色彩や図像によってまなざしを惹きつけ、まずは書物を手に取らせたうえで、記号化を拒む触感によって書物を一個の「謎」へと転ずる、その「手の内の劇」を上演することが装幀家の役割である。このような眼と手の共謀と背信、表象から現前への転位のダイナミズムには、骨董買いの現場における身体感覚のうごめきを想起させるものがある。彼は実際、古物あさりは「僕の生業には離せない」、装幀のための「基本的なトレーニングの場」だと述べているが、それは、骨董市においてこそ「目と心の動きがチェック」され、「マチエールや形で、一瞬に知覚へのインパクトをあたえる」方法が培われるからである。

このように、装幀と古物愛好が実践的かつパフォーマティヴな次元において相似形をなしていることについては、菊地自身も自覚している。他方、彼の一連のテクストを読むと、両者がより無意識的なレベルで、理論的あるいは存在論的な相補関係をとり結んでいるのではないか、と問うてみたくなる。

装幀表現からデザイナーの主体的な「個性」や「私性」を抹消することの重要性について、菊地は繰り返し述べている。彼によれば、「目を止めた人の心に読みたいという思いを誘い出す謎としての装幀」は、文字や図像、色や素材といったさまざまな「要素を重層的に構成」し、それによって「装幀者の私性を消」すことを通じて生み出される。

一方、すでに見たように、菊地にとって古物愛好とは自分に出会うための旅であり、室内で古物＝自己と向きあうとき、意識は「停滞して、捩れ、折りたたまれ」た「時間に抱かれている」のだという。つまり、さまざまな要因が織りなす「重層的な構成」の下に装幀家の自我を幾重にも埋葬することによって、初めて書物が生を得るのだとすれば、古物を愛でるとは逆に、いわば「重層的に構成」された時の襞に身を委ねつつ、堆積した時間としての古物の地層から「己の心を掘る」ことなのである。

装幀と古物愛好の対照関係は、言葉というもうひとつの要素を介在させることで、いっそう明らかとなる。菊地によれば、著者の手を離れたテクストは一種の「死体」であり、それに編集者が「形」を、装幀家が「装い」を与えるとは、「墓石」を作ることにも似ている。このように、装幀が装幀者の「私性」を埋葬すると同時に死せる言葉を物質化する葬儀としての性格を有するのに対し、古物について文章を綴ることは、ひとたび生を終えた物たちと「共に生き」、言葉を捧げることで物を在らしめ、新たな生をもたらす再生儀礼としての意義をもつ。彼は実際、次のように書いている。「どれほど完全無欠の物であっても、それ自体では在ると言えないのではないか。物を見る人がいて、心が動いて言葉が生まれ、またはその物を語る既存の言葉が奪われて、初めて物は物として在ると言えまいか」（本書一四九頁）。

装幀家の自我を消去し、書物という「墓石」を作り上げることで、作家の言葉を「成仏」させる装幀と、死せる物に言葉を手向けて「功徳」と新しい生命を施し、同時に自我をも再発見する古物愛好。それらはいわば、菊地信義という「透明な城」、「主なき城」の堂内で密やかに執り行なわれる二つの典礼である。そして、彼の主体なき主体性が、両者の織りなすキアスムから事後的にのみ立ちのぼるものであるとすれば、生死のはざま、虚実のあわいを絶えず揺れ動いた創造的骨董者たちの系譜（拙著『物数寄考』二〇一四年を参照）に、菊地もたしかに座を占めている。

（まつばら　ともお／西洋美術史）

平凡社ライブラリー　809

わがまま骨董《こっとう》

発行日…………2014年４月10日　初版第１刷

著者……………菊地信義
発行者…………石川順一
発行所…………株式会社平凡社
〒101-0051　東京都千代田区神田神保町3-29
電話　東京(03)3230-6579［編集］
東京(03)3230-6572［営業］
振替　00180-0-29639

印刷・製本 ……株式会社東京印書館
D T P …………平凡社制作
装幀……………菊地信義・中垣信夫

ISBN978-4-582-76809-1
NDC 分類番号704
B６変型判（16.0cm）　総ページ184

平凡社ホームページ　http://www.heibonsha.co.jp/